HB Bild atlas

Liebe Leserinnen, liebe Leser!

Der Fotograf Thomas Härtrich aus Leipzig, in Deutschlands Osten und den umliegenden Regionen seit Jahrzehnten zu Hause, hat seine Heimat bei der Fotografie dieses Bandes neu kennen und schätzen gelernt.

Geboren wurde die Autorin und Journalistin Astrid Pawassar zwar nicht in Sachsen. Aber ihre Wahlheimat Dresden und der kulturelle Reichtum des Landes üben eine so nachhaltige Faszination auf sie aus, dass sie sich ein Leben anderswo nicht mehr vorstellen kann.

Sachsen sprengt eigentlich alle Dimensionen. Landschaftliche Reize, kulturelle Schätze, sportliche Höchstleistungen und Erfindungsreichtum kommen hier in Größenordnungen vor, die in Deutschland wohl einmalig sind. Die lange Herrschaft der kunstbegeisterten und sinnenfrohen Wettiner hat tiefe Spuren hinterlassen. Bei Feldzügen meistens erfolglos, heimsten die Sachsen auf Theaterbühnen, in Orchestergräben oder an Universitäten allzeit Lorbeer ein. Das erste deutsche Rechtsbuch, die erste deutsche Dampfmaschine, der erste Computer – stets hatten Sachsen die Nase vorn. Und das, obwohl ihr Hang zur Gemütlichkeit sprichwörtlich ist.

In Sachen Heimatliebe stehen die Sachsen anderen Freistaaten in keiner Weise nach. ›Daheeme‹ ist es für sie am schönsten, wie viele Äußerungen der widerwillig dem Arbeitsplatz außer Landes Gefolgten zeigen. Auch deshalb war der Schock der ›Jahrhundertflut‹ 2002 so groß. Gerade hatte man mit viel Einsatz sein Haus, sein Dorf, seine Stadt herausgeputzt – und dann sollte alles umsonst gewesen sein? Nicht für Sachsen – hier hat man sofort die Ärmel hochgekrempelt und zum zweiten Mal aufgebaut. Damit es wieder schön ist – daheeme.

Überzeugen Sie sich selbst!

Ihr HB-Bildatlas-Team

Ganz im Osten Deutschlands, an der Neiße, erinnert der Bad Muskauer Park an den genialen Gartenschöpfer Fürst Pückler-Muskau.

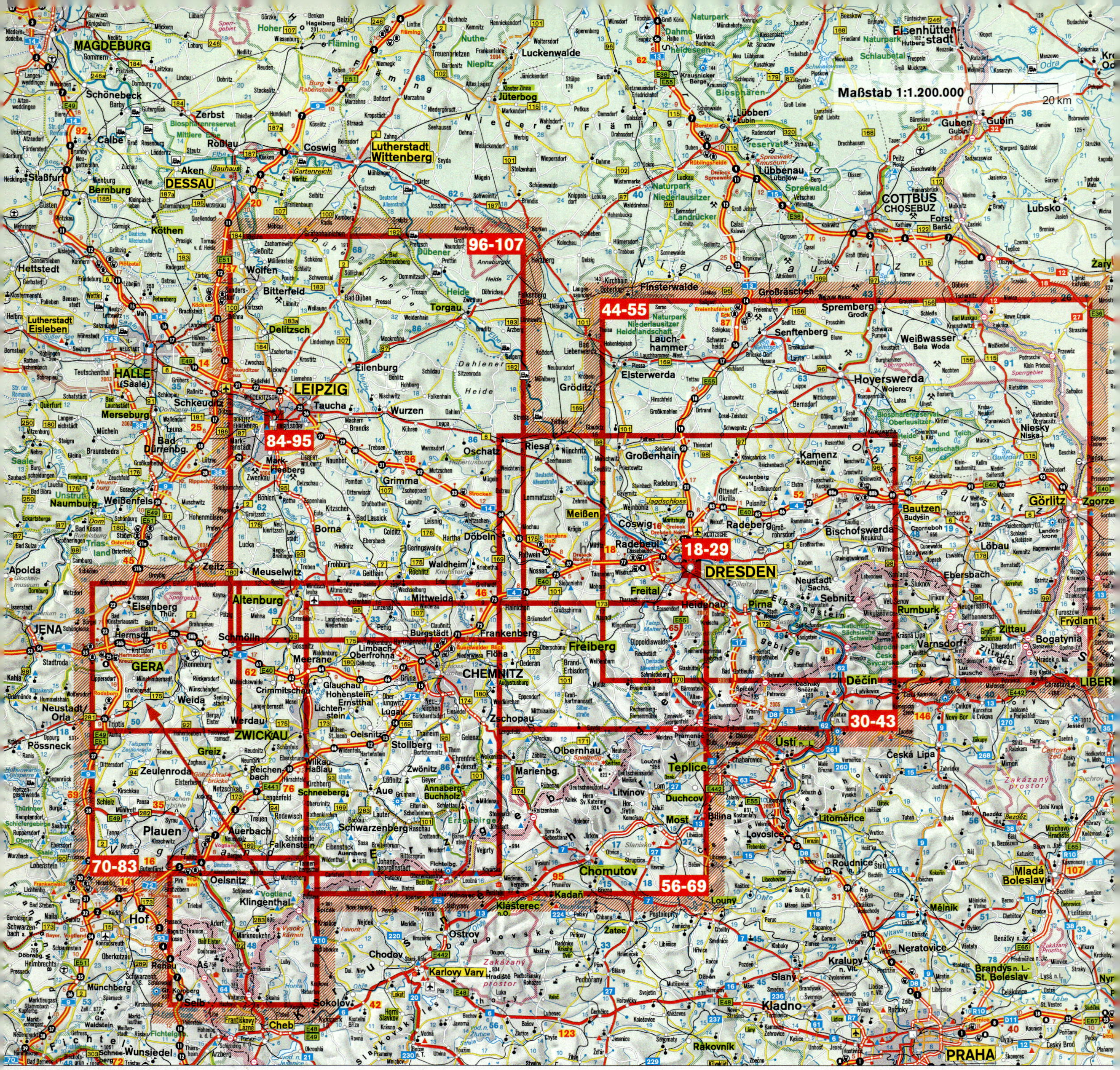

Berühmt ist der Blick vom Basteifelsen ins Elbtal

Impressionen 6–17

Ansichtssachen aus einem ungewöhnlich vielgestaltigen Land.

Dresden 18–29

Barocke Diva an der Elbe

Sachsens Könige haben ihre Residenz zu einem Museum der Baukunst gemacht – mit unschätzbaren inneren Werten. Die Ausstellungsorte der heutigen Hauptstadt des Freistaates bieten eine Fülle, die jeden Aufenthalt überfordern wird. Doch bestechen nicht nur Kunst und Kultur, die Elbmetropole wartet auch mit einer herrlichen Umgebung auf.

Cityplan 26
Infos 27

Sächsische Schweiz, Elbland 30–43

Steile Felsen, liebliche Hänge

Sie ist ein Sehnsuchtsziel, die Sächsische Schweiz. Das deutsche Elbsandsteingebirge beeindruckt mit bizarren Felsformationen, steil aufragenden Tafelbergen und tief eingeschnittenen schattigen Tälern, die Kletterer und Wanderer von weither anziehen. Stromabwärts zeigt sich das Elbtal von einer sanfteren Seite. Hier reifen an sonnenverwöhnten Hängen gesuchte Weine, steht in Meißen die Wiege der europäischen Porzellanherstellung, entzückt seit Generationen Moritzburg, das bekannte Jagdschloss Augusts des Starken.

Straßenkarte 40
Infos 41

Zu den Höhepunkten des Jahres gehört die Dampferparade vor Dresdens klassischer Silhouette

Inhalt

OBERLAUSITZ 44–55

Geld und Geist tief im Osten

Im von Polen, Tschechien und Sachsen gebildeten Dreiländereck liegt die Oberlausitz – im Norden eine Heide- und Teichlandschaft, im Süden um Zittau eine auch in ihrer Überschaubarkeit beeindruckende Berglandschaft. Hier liegen die Sorbenhochburg Bautzen und die Neißestadt Görlitz als Brücke zu Europas Osten.

Straßenkarte 52
Infos 53

ERZGEBIRGE 56–69

Im Nussknackerland

Der Bergbau und die mit ihm reich gewordenen Städte prägten über Jahrhunderte die aus Hochflächen gebildete Landschaft. Die Zeiten des Silbers sind längst vorbei, und so lebt die Region mittlerweile von kunstvoll gearbeiteten Weihnachtspyramiden und Nussknackern, geschickt präsentierter Vergangenheit und winterlichem Tourismus.

Straßenkarte 66
Infos 67

WESTSACHSEN, VOGTLAND 70–83

Einst Sachsens Werkbank

Chemnitz, ›Sachsens Manchester‹, wurde ›Tor zum Erzbegirge‹ – die verrußte Heimstatt von Textil-, Eisen- und Autoindustrie ist Vergangenheit. Und immer noch eine andere Welt ist das liebliche Vogtland mit seinem Musikwinkel.

Straßenkarte 80
Infos 81

LEIPZIG 84–95

Die quirligste Metropole

Sachsens heimliche Hauptstadt hat viele Gesichter. Weltläufiges Messe- und Kulturleben, die Boomtown und das Finanzzentrum werden hier geschickt mit sächsischer Gemütlichkeit verbunden. So begegnen sich in der Altstadt Tradition und Moderne auf angenehme Weise, laden neben eleganten Einkaufspassagen gastliche Stätten zu einem ›Schälchen Heeßen‹ ein, so als wollten sie den Ruf der Leipziger als ›Kaffesachsen‹ immer wieder bestätigen.

Cityplan 92
Infos 93

NORDSACHSEN 96–107

Verträumt mit Vergangenheit

Bodenständig, traditionsbewusst und ruhig nimmt das Leben seinen Lauf, wo sich Elbe und Mulde in der Leipziger Tieflandbucht ausbreiten. Auenwälder und Heide bestimmen das Landschaftsbild um die kleinen Städte mit ihren großen Marktplätzen – aber auch Burgen, die sich in großer Zahl stolz auf steilen Porphyrfelsen erheben.

Straßenkarte 104
Infos 105

Anhang

Service – Daten & Fakten 108
Register, Impressum 113

Besuchen Sie uns im Internet:
www.hb-bildatlas.de

TOP ZIEL

BESONDERS SEHENSWERT

Dresdens Altstadt 27
Ensemble aus Zwinger, Oper, Schlosskirche und Schloss.

Staatliche Kunstsammlungen 28
Hier sind u.a. die Kostbarkeiten der sächsischen Könige vereint.

Dresdner Kreuzchor 28
Bald 800 Jahre singt dieser Knabenchor.

Meißens Burgberg 41
Reizvoll das Ensemble aus Dom und Albrechtsburg.

Schloss Moritzburg 41
In absolutistischer Pracht das Schloss Augusts des Starken.

Bastei 43
Bizarre Felsformationen mit dem berühmten Blick.

Festung Königstein 43
Riesige Anlage auf einem der Elbsandstein-Tafelberge.

Bad Muskau 54
Der Park des Fürsten Pückler-Muskau war beispielhaft.

Bautzens Burgstadt 55
Rund um die Ortenburg liegt die alte Stadt.

Erzgebirgisches Freilichtmuseum 68
Aus dem Leben der Bergleute und Spielzeugmacher.

Annaberger Annenkirche 69
Ein besonders beeindruckender gotischer Kirchenbau.

Gölzschtalbrücke 82
Die größte aus Ziegeln erbaute Brücke der Welt.

Leipzigs Marktplatz 93
Das alte Zentrum der Messestadt.

Leipzigs Thomaskirchhof 93
Einer der schönsten Plätze und Wirkungsstätte Bachs.

Leipzigs Gewandhaus 95
Erste Adresse der Stadt für musikalischen Hochgenuss.

Schloss Hartenfels in Torgau 105
Ältestes Renaissanceschloss Deutschlands.

Kunstsammler und Bauherren

König Johann I. steht auf Dresdens Theaterplatz goldrichtig, übersetzte er doch eigenhändig Dantes ›Göttliche Komödie‹. Die Semperoper im Rücken, den Zwinger zur Seite mit der Galerie Alter Meister verkörpert das Ensemble den über Jahrhunderte gewachsenen Sinn der Sachsen für alles Schöne und die Künste.

70 JAHRE
1999

Mit schönsten Kulissen

Feiern können die Sachsen. Das Höfische allerdings ist ihnen abhanden gekommen – die großen Bälle und gesellschaftlichen Ereignisse finden anderswo statt; das Lustschloss zu Pillnitz dient heute eher als Kulisse für das Elbhangfest. Denn am liebsten feiern die Sachsen im Freien, mit Festumzügen und historischen Kostümen. Und sehen ist dabei wichtiger, als gesehen zu werden.

Wissen ist Macht

Nicht nur die Bibliothek der ehemaligen Oberlausitzer Gesellschaft der Wissenschaften in Görlitz zeugt von Sachsens uralter Bildungstradition. Leipzig hatte als eine der ersten Städte Europas eine Universität. Und neben Technischen Hochschulen gibt es bis heute vielerlei Einrichtungen und Forschungsstätten.

Gedreht wird das große Rad

Wer sich vom Kellerkind zum Bewerber um die Olympischen Spiele aufschwingt, muss schon mit einigen Pfunden wuchern können. Die Sportbegeisterung der Sachsen kennt kaum Grenzen. Weltmeister werden zwar geliebt, doch ist Breitensport fest im Alltag verankert. Da darf man gelegentlich auch mal etwas abheben – wie hier beim Leipziger Balloon-Festival.

Krombacher

Das kleine Volk

Dass die Sorben oft nur von ihrer folkloristischen Seite wahrgenommen werden, liegt an ihren vielen schönen Bräuchen und Kunstfertigkeiten. Tatsächlich ist diese nationale Minderheit ein uraltes Volk, auch unter dem Namen ›Wenden‹ bekannt. Die sächsische Verfassung schützt ihre kulturelle Identität. Doch auch eigene Schulen, Theater, Radio- und Fernsehsendungen helfen nicht vor Abwanderungen aus strukturschwachen Gebieten.

Ursprünglich und gemütlich

Das neueste Outfit und die schnellsten High-Tech-Ski machen im Erzgebirge und im Vogtland wenig Eindruck. Hier findet man noch Menschen, die gern – und gekonnt – auf hölzernen Antiquitäten durch Loipen ziehen oder die Hänge hinab-wedeln. Die ganz großen Abfahrten kann man im Mittelgebirge nicht erwarten – dafür Ruhe und landschaft-liche Schönheiten.

Seit 1903
DIE FILMNÄCHTE AM ELBUFER
Margonwasser
Natürlich aus Sachsen.

Barocke Diva an der Elbe

Ja, sie ist wunderschön, diese Stadt. Wer von der Neustädter Seite aus die Augustusbrücke hinüberschlendert und das Panorama aus Brühlscher Terrasse, Hofkirche, Schloss und Theaterplatz mit Semperoper vor sich sieht, dahinter den Zwinger mit goldgeschmücktem Kronentor, der wird begeistert sein. Das 17. und 18. Jahrhundert haben Dresden zu dem gemacht, was es heute ist: ein Museum der Baukunst mit Museen voller Kunstschätze. Ein Ort inmitten einer von der Elbe gezeichneten grünen Landschaft, mit nur sparsam bebauten Hängen und breiten Uferwiesen.

Der klassische Blick auf das barocke Dresden – hier als Kulisse für die ›Filmnächte am Elbufer‹.

◄ Aus Porzellan: ›Fürstenzug‹

▲ Goldener Reiter ▼ Kronentor

▲ Brühlsche Terrasse mit Kunstakademie

▼ Fotomotiv: Nymphenbad im Zwinger

Gottfried Herder erschien die Stadt als ›deutsches Florenz‹. Die mächtige Kuppel der Frauenkirche, dazu die gläserne ›Zitronenpresse‹ der Kunstakademie mögen dem Vergleich standhalten. Doch – abgesehen von der katholischen Kathedrale – kommt italienische Baukunst nicht gerade in Reinkultur vor. Das Residenzschloss ist von französischen Anlagen inspiriert. Der Zwinger, als Orangerie für die Hochzeit des Kronprinzen Friedrich August mit der österreichischen Erzherzogin Maria Josepha 1719 gedacht, flicht französische und wienerische Elemente ein. Ursprünglich sollte er als Schlossanlage offen zur Elbe hin auslaufen; erst Gottfried Semper legte den Querriegel, der heute die Galerie Alte Meister beherbergt. Sein Opernbau interpretiert die Formen der Spätrenaissance in einem klassizistischen Geist. Und auch die kleine Schinkelwache am Theaterplatz ist klassizistisch.

Ohnehin war Herders Ausspruch auch mehr auf die Kunstwerke in den Museen gemünzt. Aber ganz falsch ist der Vergleich mit Italien nicht; denn August der Starke hatte schon ein Vorbild – Venedig. Der Canal Grande mit seinen Palästen hatte es dem Kurfürsten in seinen Jugendjahren angetan. So ähnlich sollte es werden: der Fluss als Bühne für Feuerwerke, Gondelregatten und spielerische Seeschlachten; Zuschauerräume wären dann herrschaftliche Lustbauten wie das Japanische Palais oder das Wasserpalais am Schloss Pillnitz gewesen. Wieder war es der Sohn, der die Idee umsetzte, besser gesagt, dessen Minister Graf Heinrich von Brühl, der am Elbufer auf der ehemaligen Festung den ›Balkon Europas‹ schuf. Palais, Theater und Belvedere sind allerdings den Kriegen zum Opfer gefallen. So stammt die Architektur auf der Brühlschen Terrasse aus dem 19. und 20. Jahrhundert.

Wunderharfe und Goldcard

Zur Vollkommenheit der Dresdner Silhouette fehlt jetzt nur noch die Frauenkirche. Jahrelange hochprofessionelle Marketingarbeit und die fehlende Scheu, im Souvenirshop nahezu jede vorstellbare Devotionalie zu verkaufen und in alle Welt zu schicken, hat das zuerst unmöglich Erscheinende fast realisiert.

▲ *Optimal für 1001 Nacht: die ehemalige Zigarettenfabrik Yenidze*

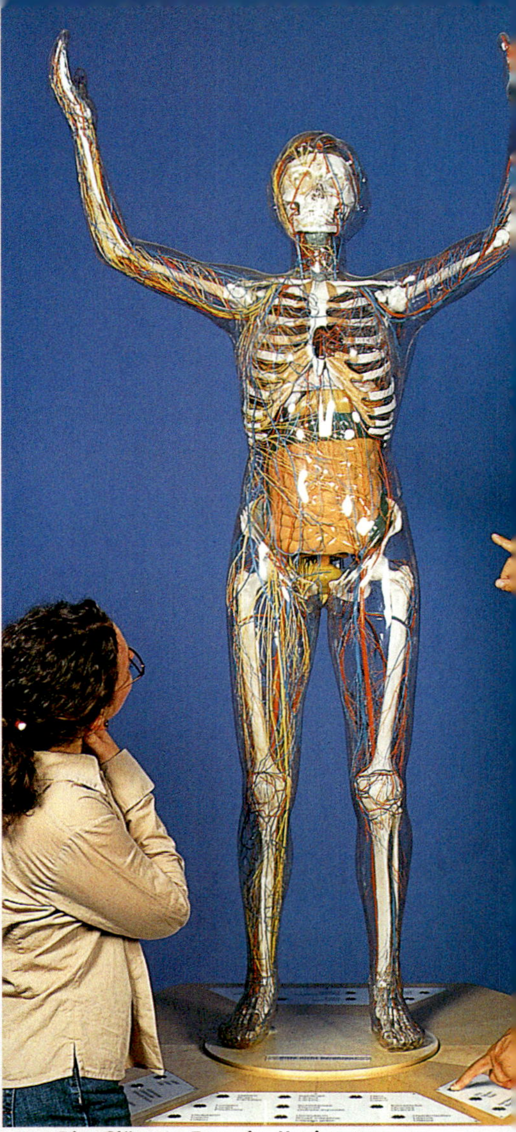

▲ *Die ›Gläserne Frau‹ im Hygienemuseum*

▼ *Dixieland-Festival: ›Dixieman Four‹*

▲ Frauenkirche als Modell ▼ VWs Gläserne Fabrik ▲ Barock: ›Italienisches Dörfchen‹

Allerdings gibt es starke Konkurrenz gleich um die Ecke: Bundesweit flimmert die Semperoper als Repräsentant Dresdens über die Mattscheiben – im Werbeblock zwar, aber immerhin. Diese Prominenz ist durchaus gerechtfertigt, dient der Prachtbau doch als Heimat der Sächsischen Staatskapelle. Seine ›Wunderharfe‹ hatte Richard Wagner das Orchester einst genannt. Musikfreunde aus aller Welt teilen bis heute diese Einschätzung.

SPECIAL

August der Starke

Sein Wahlspruch lautete ›tantum quantum possum‹ – ›so viel ich kann‹. Schloss um Schloss suchte Friedrich August I. den Anschluss an Frankreichs Sonnenkönig. Ein kühnes Unterfangen für einen Kurfürsten, der 24-jährig die Regentschaft übernahm, weil sein älterer Bruder an den Pocken gestorben war. Doch die absolutistische Herrschaft war sein Ziel. Eine Königskrone musste her, um den Preis eines Verrats. Mit österreichischer Hilfe erlangte August 1697, im vierten Jahr seiner Regentschaft, die polnische Krone. Dafür brach er mit dem evangelischen Bekenntnis seiner Vorväter, die einst die Reformation unterstützt hatten. Das Opernhaus hinter dem Schloss wurde zur katholischen Kirche umgebaut – die katholische Hofkirche entstand erst während der Regentschaft seines Sohnes. Die Konversion aus machtpolitischen Gründen hatte keine weiteren Auswirkungen auf den Lebensstil des Monarchen. Mätressen säumten seinen Weg, weshalb übel meinende Damen wie die Schwester des Preußenkönigs Friedrich des Großen, ihm 354 uneheliche Kinder unterstellten. Zugegeben hatte er neun. Die Wahrheit wird irgendwo dazwischen liegen.

Doch es muss in Dresden nicht immer Klassik sein. Jedes Jahr im Mai ist die Stadt für ein paar Tage im Dixieland-Fieber. Die Dresdner hatten begeistert zugegriffen, als das Festival zu Beginn der 1970er-Jahre einen Veranstaltungsort für die Musik des ›Klassenfeindes‹ suchte. Geografisch und informationstechnisch abgeschnitten vom anderen Teil Deutschlands war dies die Gelegenheit, für kurze Zeit das Gefühl von Weltoffenheit genießen zu können.

▲ Unterhalb der Loschwitzhöhe überspannt das ›Blaue Wunder‹ die Elbe

▲ Einkaufspause in der Rähnitzgasse

▲ Zum Elbhangfest gehört auch eine Weinkönigin

▼ Schmuckstück: ›Pfunds Milchladen‹

▼ Zu Füßen der Kreuzkirche breitet sich der Weihnachtsmarkt aus

Für kulturelles Wohlbefinden ist also gut gesorgt in der Elbmetropole, aber was macht der Besucher mit der nach Anwendung drängenden Goldcard in der Tasche? In den 1920er- und 1930er-Jahren hatte die Prager Straße zu den elegantesten Flaniermeilen des Kontinents gezählt – wieder aufgebaut als ›sozialistische Fußgängermagistrale‹ ist ihr ein eher solides Angebot zu bescheinigen. Doch was einer Landeshauptstadt zu wünschen ist, kann in Ansätzen in der Neustädter Haupt- und Königstraße erlebt werden. Es bleibt für die Dresdner Kaufmannschaft also noch viel Gestaltungsraum im Vergleich zu Berlin und München – oder zur ewigen Rivalin Leipzig.

Alt und Neu

Weil die Dresdner sich in ihrem ›Museum‹ offenbar am wohlsten fühlen, gibt es bei geplanten Neubauten immer wieder Streit. Schon so schlichte, durch viel Glas neutralisierte Bauten wie der Neue Landtag von Peter Kulka ernteten herbe Kritik. Dass Günter Behnisch sein modernes buntes St.-Benno-Gymnasium und VW die Gläserne Manufaktur bauen durften, lag an den Standorten in der Zerstörungszone. Doch schon die Aussicht, dass Daniel Libeskind ein reichlich schräges Gebäude an die Neustädter Hauptstraße setzen könnte, löste wieder erbitterte Debatten aus. Moderne Architektur im Stadtzentrum wird nur geduldet, wenn sie so unverbindlich daherkommt wie an der Prager Straße oder am Altmarkt.

Gerne gibt Dresden Millionen aus, um herauszufinden, wie eine Brücke über die Elbe gebaut werden könnte, ohne Denkmalschützer, Anlieger, Autogegner und Kleingärtner zu vergrätzen. Jahrelang denkt Dresden über die Nutzung brachliegender Gelände und die Neugestaltung problematischer Innenstadtbereiche wie den Postplatz nach. So lange, bis Investoren endgültig die Nase voll haben. Mag sein, dass dies das Erbe der Residenzstadt ist – eine gewisse Entschlusslosigkeit gegenüber den Belangen der heutigen Zeit.

Bislang ist die barocke Diva mit ihren Allüren allerdings ganz gut durchs Leben gekommen: Die Einwohnerzahl nimmt – im Gegensatz zu allen anderen Städten Sachsens – wieder zu.

▼ Konzert vor dem Pillnitzer Bergpalais beim Elbhangfest

DRESDEN
VORSTADT
ÄUSSERE NEUSTADT
NEUSTADT
ALTSTADT
SEEVORST.-OST
GROSSER GARTEN
SÜDVORSTADT
JOHANNST.-NORD
JOHANNST.-SÜD
DD-Neustadt
DD-Mitte
DD-Hauptbahnhof
DD-Strehlen
Elbe
Großer Garten
Zoologischer Garten
Carolaschlösschen
Messe Dresden
Universität
Schloss
Zwinger
Semper-Oper
Frauenkirche
Kreuzkirche
Hygiene-Museum
Bürgerwiese
Blüherpark
Wiener Platz
Albertplatz
Pirnaischer Platz
Straßburger Pl.
Lennéplatz
Magdeburger Str.
Bautzner Str.
Königsbrücker Str.
Radeberger Str.
Stauffenbergallee
Marienbrücke
Augustusbrücke
Carolabrücke
Albertbrücke
Budapester Str.
Nürnberger Str.
Reichenbachstr.
Strehlener Str.
Tiergartenstr.
Blasewitzer Str.
Fetscherstr.
Grunaer Str.
Pillnitzer Str.
1 Eschenstr.
2 Schwepnitzer S.
3 Scheunenhofstr.
1 An der Dreikönigsk.
2 Wallgäßchen
3 Obergraben
1 Taschenberg
2 Brühlsche G.
3 Terrasseng.
4 Münzgasse
5 Frieseng.
6 Salzgasse
7 Kanzleigäßchen
8 Töpferstr.
9 Jüdenhof
1 Stephanienpl.
1 Hans-Böheim-St
1 Hempelstr.
2 Zeunerstr.
Maßstab 1:20.000
0
300 m

Infos

Dresdens Theaterplatz mit Hofkirche, Schloss und dem bronzenen Reiterdenkmal für König Johann

Geschichte und Allgemeines

Die heutige Landeshauptstadt Sachsens mit 475 000 Einw. wurde 1206 erstmals erwähnt; ab 1485 war sie Residenz. Unter Friedrich August I., dem Starken (1670–1733), und seinem Sohn Friedrich August II. (1696–1763) wurde Dresden zum barocken Juwel. In ganz Europa kauften sie die Kunstschätze zusammen, die der Stadt Weltruhm einbrachten. Heinrich Schütz, Carl Maria von Weber, Richard Wagner, Richard Strauss trugen zum musikalischen Ruf der Stadt bei; die Maler der Romantik, später der Künstlervereinigung ›Die Brücke‹ fühlten sich hier zu großen Werken inspiriert. Elbedampfschifffahrt (ab 1837) und die Fernbahnlinie Dresden–Leipzig (1839) begünstigten den industriellen Aufschwung. 1849 traten Arbeiter und Intellektuelle im Maiaufstand eine Protestlawine los. Am 13.11.1918 war mit der Abdankung Friedrich Augusts III. (›Macht euern Dreck alleene‹) das Ende der wettinischen Herrschaft besiegelt. Nationalsozialisten verbrannten Bücher und zerstörten die Semper-Synagoge; in der Nacht 13./14. Februar 1945 legten britisch-amerikanische Bomberverbände die Stadt in Schutt und Asche, mindestens 35 000 Menschen starben. 1952 wurde Dresden Bezirkshauptstadt in der zentralisierten DDR. Im Oktober 1989 Demonstrationen und Verhandlungen der Bürgerbewegung mit Oberbürgermeister Berghofer. 1990 wurde Dresden Landeshauptstadt des Freistaates Sachsen.

ⓘ Tourist-Information, Prager Straße 10, 01067 Dresden, Tel. 0351/49192222, Fax 0351/49192244, www.dresden-tourist.de

Sehenswürdigkeiten

Festes Schuhwerk ist Voraussetzung, denn die Alt- und Neustadt lassen sich bestens zu Fuß erkunden – allerdings ist das Pflaster historisch.

Altstadt: Bekanntestes Bauwerk ist der **Zwinger** (13), von Matthäus Daniel Pöppelmann 1709 bis 1732 errichtet und von Balthasar Permoser kunstvoll verziert, mit Wall- und Glockenspielpavillon, Kronentor und Nymphenbad (Museen). Am Theaterplatz (12) steht die Rekonstruktion (1985, nach Zerstörung im Zweiten Weltkrieg) der bis 1878 von Manfred Semper nach Plänen seines Vaters Gottfried erbauten **Oper**. Das Reiterstandbild König Johanns I. (1889) blickt auf die **Kathedrale St. Trinitatis**, die Friedrich August II. als Tribut für die polnische Königskrone als katholische Hofkirche errichten ließ (1738 bis 1755), mit 85 m hohem Turm und 78 Heiligenfiguren aus Sandstein. Im Innern Permoser-Kanzel (1710–1723), Silbermann-Orgel (1751), Altargemälde von Raphael Mengs (1750–1752); in den Grufträumen werden 49 Sarkophage der wettinischen Herrscher und ihrer Angehörigen aufbewahrt. Nebenan das von einer Burg des 12. Jh. über die Jahrhunderte ständig veränderte **Residenzschloss**, dessen Wiederaufbau 2006 abgeschlossen sein soll; vom 101 m hohen Hausmannsturm (1674–1676) bestes Stadtpanorama (April–Okt. Di.–So. 10.00–18.00 Uhr). Am Georgentor vorbei erstreckt sich der **›Fürstenzug‹**, ein 102 m langer Porzellanfries (1876) mit Darstellung der wettinischen Herrscher, dahinter der mit Sgraffiti verzierte **Lange Gang** (bis 1588) des Stallhofs; in Letzterem fanden ritterliche Turniere statt.

Gegenüber der Hofkirche führt eine Freitreppe auf die **Brühlsche Terrasse** (11), deren Bau auf den ehem. Festungsanlagen der Finanzminister Friedrich Augusts II. veranlasste, mit Grünanlagen, **Kunstakademie** (1890), dem Museumsbau **Albertinum** (1884–1887) und Dresdens ältestem Denkmal, dem Moritzmonument von 1553. Dahinter die neue **Synagoge**, ein moderner Sandsteinbau. Am Albertinum verlässt man die Brühlsche Terrasse, um an **Frauenkirche** (15) und Kulturpalast vorbei den Altmarkt (17) mit seinen historisierenden Gebäuden aus den 1950er-Jahren und der **Kreuzkirche** (18) (1764–1792) zu erreichen. Östl. davon das **Neue Rathaus** (19) (1905–1910; Jugendstil-Treppenhaus) mit 100 m hohem, achteckigem Turm (April–Okt. 10.00–18.00 Uhr).

Neustadt: Die Augustusbrücke (10) verbindet Alt- und Neustadt. Der **›Goldene Reiter‹**, das Standbild Augusts des Starken (1736), kehrt dem alten Dresden das Hinterteil zu und blickt nach Osten, über die barocke Neue Stadt hinweg, Richtung Polen. Die freundlich gestaltete Fußgängerzone führt an der sanierten Markthalle und der **Dreikönigskirche** (6) (1732–1739) vorbei, 1990–1993 Tagungsort des Sächsischen Landtags. Zwei große Brunnenanlagen (1894) am Albertplatz schließen die Meile ab. Am Elbhang, von dem sich der **›Canaletto-Blick‹** auf die Altstadt ergibt, das **Japanische Palais** (9), 1715 für die kurfürstliche Porzellansammlung erbaut.

Umgebung: Elbaufwärts Richtung Pillnitz (2) liegen am Elbhang drei Schlösser aus dem 19. Jh., deren Parkanlagen miteinander verbunden und öffentlich zugänglich sind: **Schloss Albrechtsberg** (1851–1854), das **›Lingnerschloss‹** (1850–1853) und **Schloss Eckberg** im gotisierenden Tudorstil (1859 bis 1861), heute ein Luxushotel.

SPECIAL

Symbol für Bürgerwillen

Von 1726 bis 1738 baute Ratszimmermeister George Bähr an der Frauenkirche (15), einem quadratischen Kubus mit einer 40 m hohen Kuppel und vergleichsweise schlicht für einen barocken Bau. Doch gerade die ›Steinerne Glocke‹ der Kuppel verblüfft bis heute die Fachleute. Intrigen und Geldmangel verzögerten den Bau, und als 1743 das Kreuz mit dem Goldknopf auf die Kirchturmspitze gesetzt wurde, war Bähr bereits fünf Jahre tot. Sein Nachfolger in der Wiederaufbauzeit, Baudirektor Eberhard Burger, spricht voller Respekt von der statischen Meisterleistung Bährs, schließlich gab es damals nur Kopfrechnen und Fingerspitzengefühl. Das hat gereicht, dem preußischen Bombardement im Siebenjährigen Krieg zu widerstehen und die Kirche in der Bombennacht des 13. Februar 1945 zum sicheren Zufluchtsort für einige Dresdner werden zu lassen. Es war auch nicht die Kuppel, die am 15. Februar kapitulierte, sondern der Korpus, von innen ausgebrannt. Unumstritten war der Wiederaufbau nicht. Viele meinten, das Geld werde an anderer Stelle dringender gebraucht. Aber die Zähigkeit der Initiatoren um den Solotrompeter Ludwig Güttler hat sich bezahlt gemacht. Sieben neue Glocken verkünden bereits die frohe Botschaft, dass Dresdens Silhouette bald wieder vollkommen sein wird.

TIPP

Kästners Dresden

Mit seinen Erinnerungen ›Als ich ein kleiner Junge war‹ hat Erich Kästner (1899–1974) seiner Geburtsstadt Dresden ein Denkmal gesetzt. Die Neustadt war seine Heimat. In der Dreikönigskirche wurde er getauft und konfirmiert, in der Königsbrücker Straße hat er gewohnt (zunächst Nr. 66, dann Nr. 48). Immer wieder blitzen Erinnerungen an diese Umgebung auch in anderen Werken auf, so bei ›Emil und die Detektive‹. Den dort erwähnten Blumenladen Stammnitz (Louisenstraße 21) gibt es noch. Wer sich in Dresden über den Schriftsteller und Journalisten informieren will, ist im Erich-Kästner-Museum 5 gut aufgehoben (Antonstraße 1; So.–Di. 10.00–18.00, Mi. bis 20.00 Uhr, www.erich-kaestner-museum.de). ›Igeltour‹ hat bei einer Vielzahl von thematischen Stadtrundgängen auch einen durch Kästners Dresden im Angebot (Pulsnitzer Straße 10, 01099 Dresden, Tel. 0351/8044557, www.igeltour-dresden.de).

Vor dem Villenviertel ›Weißer Hirsch‹ führt die Schillerstraße hinunter nach **Loschwitz**; schön rekonstruierte Fachwerkhäuser an der Friedrich-Wieck-Straße mit hübschen Läden. Seit 1893 überbrückt das **›Blaue Wunder‹**, eine der ersten Hängebrücken Euopas, die 141 m zur anderen Elbseite. Die **Schwebeseilbahn** (bis 1900) zur Loschwitzer Höhe und die **Standseilbahn** (bis 1895) zum Ausflugslokal ›Luisenhof‹ gelten ebenfalls als technische Denkmale.

In **Pillnitz** an der Elbe steht die weitläufige Sommerresidenz, die August der Starke seiner Mätresse Gräfin Cosel überließ; nach ihrer Verbannung entstanden 1721–1723 Wasser- und Bergpalais im chinesischen Stil und 1818–1826 das Neue Palais, mit herrlichem Park, in einen Botanischen Garten und eine Barockanlage geteilt (Museum).

Museen

Dresdens Museumslandschaft verfügt über 37 Ausstellungsorte. Hier eine Auswahl:

Staatliche Kunstsammlungen: Seit 1958 sind diverse Sammlungen vereint (www.staatl-kunstsammlungen-dresden.de; alle 10.00 bis 18.00 Uhr).

Die **Gemäldegalerie Alte Meister** 12 zeigt europäische Kunst des 15. bis 18. Jh., u. a. Raffael, Tizian, Rembrandt, Rubens, Canaletto (Sempergalerie, Theaterplatz 1; Di.–So.).

Die **Gemäldegalerie Neue Meister** (19. und 20. Jh.) im **Albertinum** 11 präsentiert u. a. Beckmann, Kokoschka, Dix, franz. Impressionisten; dort auch Prunkstücke der **Goldschmiedekunst im Grünen Gewölbe** sowie die **Skulpturensammlung** und das **Münzkabinett** (Brühlsche Terrasse; Fr.–Mi.).

Ritterrüstungen und Waffensammlung sind in der **Rüstkammer** 12 (Zwinger, Theaterplatz; Di.–So.), feinstes chinesisches und Meißner Porzellan in der **Porzellansammlung** 13 (Zwinger, Sophienstraße; Di.–So.), historische Uhren und Globen im **Mathematisch-Physikalischen Salon** 13 (Zwinger; Fr. bis Mi.) zu sehen.

Das **Museum für Sächsische Volkskunst** 8 bietet Weihnachtspyramiden, Schnitzereien, Trachten und Möbel (Jägerhof, Köpckestraße 1; Di.–So.).

In **Pillnitz** ist das Kunstgewerbemuseum beheimatet (Mai–Okt., Bergpalais Mo. und Wasserpalais Di. geschl.).

Weitere Museen: Ein wenig schaurig, aber hochinteressant – auch für Kinder – sind die **Kasematten der ehem. Festungsanlage** 11 (Georg-Treu-Platz; April–Okt. tgl. 10.00 bis 17.00, Nov.–März bis 16.00 Uhr, www.schloesser-dresden.de).

Mit einer Ausstellung über Gesundheitspflege wartet das **Deutsche Hygienemuseum** 21 auf (Lingnerplatz 1; Di., Do. und Fr. 9.00–17.00, Sa. und So. 10.00–18.00 Uhr, www.dhmd.de).

TIPP

Eine andere Welt

Ein Theatervergnügen ganz besonderer Art bietet das Puppentheater. Immer stehen auf dem Programm auch Stücke, die sich eher an Erwachsene wenden. Gespielt wird im Rundkino 20 in der Prager Straße (Info: Tel. 4965371).

Straßenbahnen, Lokomotiven und eine Modellbahnanlage gibt es im **Verkehrsmuseum** 14 (Augustusstraße 1; Di.–So. 10.00 bis 18.00 Uhr, www.verkehrsmuseumsachsen.de).

Dresdner Stadtgeschichte 16 im barocken Landhaus (Wilsdruffer Straße 2; Sa.–Do. 10.00–18.00 Uhr).

Das **Museum für Dresdner Frühromantik** 7 informiert über Musiker, Dichter und Maler jener Zeit (Kügelgenhaus, Hauptstraße 13; Mi.–So. 10.00–18.00 Uhr, www.stmd.de).

Umgebung: Außerhalb des Stadtkerns erinnert das **Schillerhäuschen** an den Aufenthalt des Dichters, der hier seinen ›Don Carlos‹ vollendet hat (Schillerstraße 19; Mai–Okt. Sa. und So. 13.00–17.00 Uhr, www.stmd.de).

In Hosterwitz, Richtung Pillnitz, hatte der Komponist und Hofkapellmeister **Carl Maria von Weber** gelebt; ein kleines Museum erinnert an seine Dresdner Jahre (Dresdner Straße 44; Mi.–So. 13.00–18.00 Uhr, www.stmd.de).

Musik und Theater

Musik: Die **Sächsische Staatskapelle** 12 bietet allzeit höchste Qualität (Semperoper, www.semperoper-dresden.de; Kartenvorverkauf: Schinkelwache, Theaterplatz 2, Tel. 0351/4911705; aktuelle Information: Tel. 0351/4911731; Spielplan und Kartenangebote: Tel. 0351/4911740; Restkarten Tel. 0351/4911777, Führungen Tel. 0351/4911496). Das zweite große Orchester, die **Philharmonie**, hat seine Spielstätte im Kulturpalast 17, der in seiner Architektur deutlich hinter die Semperoper zurückfällt (Schlossstraße 2, www.konzert-kongress-dresden.de; Tel. 0351/4866666, Abendkasse: Tel. 0351/4866330, Mo.–Fr. 10.00–19.00, Sa. 10.00–14.00 Uhr).

Chöre gibt es gleich dutzendweise. Der **Kreuzchor** ist am Sa. mit seinen Vespern in der Kreuzkirche 18 zu hören (18.00 Uhr im Sommer, 17.00 Uhr im Winter, www.kreuzchor.de). Das katholische Pendant, die **Dresdner Kapellknaben**, gestalten jeden So. um 10.30 Uhr die Messe in der Kathedrale 12 und pflegen die Musik, die von Komponisten wie Heinrich Schütz und Johann Adolf Hasse eigens für die Hofkirche geschrieben wurde (www.kapellknaben.de). **Kammermusik** gibt es im Schloss Albrechtsberg und am Sa. bei den Wiederaufbaukonzerten in der Frauenkirche. Die **Staatsoper** (siehe Staatskapelle) bietet das herkömmliche Repertoire, während die **Landesbühnen Sachsen** sich gerne im Zwinger oder auf der Felsenbühne Rathen tummeln (Meißner Straße 152, 01445 Radebeul, Tel. 0351/8954214, www.dresden-theater.de). Die **Staatsoperette** kämpft auch mit Musicals für den Publikumsgeschmack und gegen die Sparkommissare der Stadtverwaltung (Pirnaer Landstraße 131, Tel. 0351/2079929, www.staatsoperette-dresden.de).

Theater: Neben dem **Staatsschauspiel** 13 am Zwinger, das klassische und zeitgenössische Stücke bietet (Theaterstraße 2; Tel. 0351/4913555, www.staatsschauspiel-dresden.de), gibt es eine bunte Szene kleinerer Bühnen. Das **Societätstheater** 6 zeigt moderne Kammerspiele (An der Dreikönigskirche 1a; Tel. 0351/8036810, www.societaetstheater.de). Kleinkunst auf schwankenden Planken präsentiert der **Theaterkahn ›Dresdner Brettl‹** 10 (Terrassenufer/Augustusbrücke; Tel. 0351/4969450, www.theaterkahn-dresden.de). Boulevard-Theater mit prominenter Besetzung in der **Komödie** (World-Trade-Center; Freiberger Straße 39, Tel. 0351/86410, www.komoedie-dresden.de). Unter der gläsernen Kuppel der orientalisch inspirierten ›Yenidze‹ regelmäßig Lesungen von Märchen aus aller Welt (Weißeritzstraße 3, Tel. 0351/4951001, www.1001-maerchen.com).

Kabarett: Herkuleskeule (Sternplatz 1, Tel. 0351/4925555, www.herkuleskeule.de) und **Breschke & Schuch** (Wettiner Platz 10, www.kabarett-breschke-schuch.de, Tel. 0351/4904009) nehmen keine Hand vor den Mund.

Tickets: Für sämtliche Veranstaltungen, die im Kulturpalast stattfinden, einschließlich philharmonischer Konzerte gilt die Postanschrift: Konzert- & Kongressgesellschaft Dresden, Ticketzentrale im Kulturpalast, Postfach 500221, 01032 Dresden.
Zentraler Kartenvorverkauf in der Schinkelwache, Theaterplatz 2, Tel. 0351/4911705, Mo.–Fr. 10.00–18.00, Sa. 10.00–13.00 Uhr. Oder in der Tourist-Information. Außerdem bieten gute Hotels einen Ticket-Service an.

TIPP

Gläserne Manufaktur

Weithin sichtbar ist der 40 m hohe Turm 22, in dem die fertigen ›Phaetons‹ auf ihre Abholer warten. Für 186 Mio. Euro hat VW einen Glaspalast an den Straßburger Platz gesetzt, in dem pro Tag bis zu 150 Nobelkarossen in Handarbeit zusammengesetzt werden können. Besichtigungen sind nach Voranmeldung möglich. Und Feinschmecker kommen im passenden Restaurant ›Lesage‹ auf ihre Kosten (Lennéstraße 1, 01069 Dresden, Hotline Tel. 0180/5896268, Fax 0180/5329896, www.glaesernemanufaktur.de; Mo.–So. 8.00–20.00 Uhr).

Porzellan, ein schönes Mitbringsel: ›Quartier M‹

Szene

Größere **Rock- und Popveranstaltungen** oder Partys finden im Alten Schlachthof (Gothaer Straße 11, www.alter-schlachthof.de) oder auf dem Messegelände 1 statt (Messering 6, Tel. 0351/44580, www.messe-dresden.de). Angesagte Diskothek ist die ›Dance Factory‹ (Bautzener Straße 118, Tel. 0351/31234440). In der Äußeren Neustadt gibt es **Kneipen, Bars und Restaurants** für jeden Geschmack; alteingesessen ist das Lokal ›Planwirtschaft‹ (Louisenstraße 20, Tel. 0351/8013187) oder die Tapas-Bar ›El Perro Borracho‹ (Alaunstraße 70, Tel. 0351/8036723). **Live-Musik** im Kulturzentrum ›Scheune‹ 3 (Alaunstraße 36–40) und in der ›Straße E‹ (Nr. 2, Industriegelände). Etwas geruhsamer geht es in den neu belebten **Ballhäusern** ›Gare de la Lune‹ (Pillnitzer Landstraße 148, Tel. 0351/2678554) und ›Watzke‹ (Kötzschenbroder Straße 1, Tel. 0351/852920) zu. In ›Merlins Wunderland‹ wird zum Essen Theater gespielt (Zschonergrundstraße 4, Tel. 0351/4219999) und in den beliebtesten **Biergärten** am Johannstädter Elbufer, dem alten Wasserwerk ›Saloppe‹, am Waldschlösschen (Am Brauhaus 8b, Tel. 0351/8119922) und im ›Körnergarten‹ (Friedrich-Wieck-Straße 26, Tel. 0351/2683620) unterhalb des ›Blauen Wunders‹ gibt es 1-a-Aussicht gratis.

Einkaufen

Nur zaghaft lockt die Stadt Einzelhändler an, die über das Prädikat ›bieder und billig‹ hinausreichen. Die **Prager Straße** 20 steht noch sehr für dieses Segment. In der Wilsdruffer Straße beim Kulturpalast 16 versucht das ›Quartier M‹ ein niveauvolleres Angebot zu etablieren.
Spaß macht die Shopping-Tour in der **Inneren Neustadt**. Rund um die Flaniermeile der Hauptstraße 7 mit ihrer neuen Kunsthandwerkerpassage, locken im Barockviertel Königstraße 6 und Rähnitzgasse Designer-Boutiquen, Einrichtungshäuser, Geschenkeläden mit geschmackvollen Kleinigkeiten. Dort kann man sich auch zum Espresso im Freien niederlassen.
Das Szene-Viertel der **Äußeren Neustadt** wartet mit ähnlichen Erlebnissen auf – nur ist das Angebot noch bunter. Alles, was grün, alternativ, esoterisch oder einfach nur jenseits des Durchschnittsgeschmacks ist, findet sich hier. Als Krönung vereinen sich in der Kunsthof-Passage zwischen Alaun- und Görlitzer Straße stilvolles Einkaufen und Wohnen mit Kunstbegegnungen. Liebhaber alter Stücke finden Sa. zwischen 7.00 und 14.00 Uhr auf dem Trödelmarkt am Elbufer sicher ein Schnäppchen.

TIPP

Weltschönster Milchladen

Ein ungewöhnliches Einkaufserlebnis bietet ›Pfunds Molkerei‹ 4. 1892 wurde dieser über und über mit farbigen Fliesen mit Motiven aus der Milchwirtschaft, Fabeltieren und floralen Ornamenten versehene Raum als Milchladen eröffnet. Heute gibt es in dem restaurierten Geschäft etwa 120 Käsesorten, einige Weine und ein Restaurant im Obergeschoss (Neustadt, Bautzener Straße 79; Mo.–Sa. 10.00–18.00, So. und Fei. 10.00–15.00 Uhr).

Feste und Festivals

März: Folkloristisch ist die Musik beim **Flamenco-Festival.**

April: Cineasten kommen beim **Filmfest** im April auf ihre Kosten. Ein Volksfest ist das **Frühlingsfest.**

Mai: Der Monat beginnt mit der **Dampferparade** der hist. Schaufelraddampfer. Vier Tage lang ist ganz Dresden im **Dixieland-Fieber**; Jazzer aus aller Welt spielen auf Bühnen, in Kneipen, auf Schiffen und im Freien.

Juni/Juli: Klassik regiert die **Dresdner Musikfestspiele**, die vier Wochen lang hohe Klangkunst bieten. Angenehme Begleiterscheinung ist die Musik beim ambitionierten **Elbhang-Fest** mit Straßentheater und Weinstraßen zwischen Loschwitz und Pillnitz am letzten Juni-Wochenende. Ohne Musik kommt die **Museums-Sommernacht** im Juli aus, bei der an die 40 Museen für Nachtschwärmer mit Sonderprogrammen geöffnet haben. Aus dem Vogelschießen der Schützenvereine wurde das Volksfest **Vogelwiese.** Eine Besonderheit für alle Filmfreunde sind bis in den August hinein die **Filmnächte am Elbufer** unterhalb des Finanzministeriums.

August: Offen bleibt die Musikrichtung beim **Stadtfest** mit Handwerksmarkt am Fürstenzug und Kultur und Gastronomie vieler Nationen am Terrassenufer.

Oktober: Auch das **Oktoberfest** ist ein klassisches Volksfest.

Dezember: Weihnachtlicher **›Striezelmarkt‹** auf dem Altmarkt (bis 22. Dez., 10.00–20.00 Uhr). Hier kann man am besten einen echten Dresdner Christstollen erstehen.

Steile Felsen, liebliche Hänge

Die Elbe macht ihrem Wortstamm allmählich wieder Ehre; hatte die Wurzel des Namens doch weiß, leuchtend bedeutet. Denn einst war der im Riesengebirge entspringende Fluss glasklar. Heute tummeln sich wieder Lachse und durchaus auch Badegäste im kühlen Nass, von Ausflugsschiffen der historischen Dresdner Dampfschiffflotte eher gestört als von den wenigen Lastkähnen meist tschechischer Herkunft. So soll es vorerst bleiben. Die Liebhaber der unberührten Elbauen können also noch einige Zeit ungestört in malerischen Landschaftsbildern schwelgen.

Der Blick vom Ferdinandstein reicht von der Basteibrücke bis zum Lilienstein am Horizont.

▲ *Blick von der Basteibrücke ins Elbtal und bis Königstein*

▼ *Fahrt ins Grüne: Kirnitzschtalbahn*

▼ *Eine Naturlandschaft: das Kirnitzschtal bei Bad Schandau*

▲ An der Basteibrücke geht kein Weg vorbei

▼ Im Fels: Bergwanderer auf den Schrammsteinen, ... ▲ ... Steinmarder im Nationalparkhaus

So friedlich wie heute, wo die Elbe höchstens alle 50 Jahre mal den Menschen zeigt, dass ihre Häuser im Weg sind, ging es nicht immer zu. Vor fast 100 Millionen Jahren, in der Kreidezeit, gab es hier nur Wasser. Ein Meer, dessen Sandboden bis zu 500 Meter stark war. Als sich das Meer zurückzog, verfestigte sich der Boden; Hitze, Frost, Wasser und Wind modellierten drei Etagen in den so entstandenen Sandstein: feuchtkalte Gründe mit engen Schluchten, darüber Hochflächen und im obersten Stockwerk die Tafelberge, heute begehrte Kletterparadiese und Fotomotive. Dazwischen siedelten sich Wälder an, Blumenwiesen von üppiger Schönheit, Teppiche aus saftigen Farnen. 1990 wurde ein Drittel der Sächsischen Schweiz als Nationalpark ausgewiesen, in dem Besucher, die die Ehrfurcht vor der Natur noch nicht verloren haben, gern gesehen sind. Ob im Frühjahr zur Blüte der Abermillionen Märzenbecher im Tal der Polenz in der Nähe von Hohnstein oder bei einer Kahnpartie auf dem Amselsee oder auf dem Weg durch das Kirnitzschtal zum Lichtenhainer Wasserfall – romantische Naturerlebnisse gibt es hier am laufenden Meter.

Die Schönheiten der bewaldeten Cañons sind den Menschen lange verborgen geblieben. Sie bewegten sich auf Handelsschiffen von Böhmen aus an den merkwürdigen Felsgebilden vorbei und hatten weder Zeit noch Lust, Luchsen zu begegnen oder die Frühlingsplatterbse zu bewundern. Nicht einmal einen Namen wussten sie für die Gegend. Den erfanden erst zwei Schweizer Maler, Adrian Zingg und Anton Graff, die 1766 mit ihren Skizzenblöcken auf Motivsuche waren und sich sogleich an ihre Heimat erinnert fühlten.

Grandiose Panoramen

Vom Basteifelsen aus schweift der Blick in schier endlose Weiten: Linker Hand lugen am Horizont die böhmischen Berge hervor, rechts überblickt man einen großen Teil des Erzgebirges, und gleich vorne liegen der Königstein mit der Festung und der Lilienstein. In 190 Metern Tiefe schlängelt sich die Elbe als silbriges Band durch das Tal. Wer dieses Panorama bei klarer Luft und blauem Himmel erleben darf, kann nachvollziehen, weshalb es einem

▲ Burg Stolpen: Burghoffest vor dem Coselturm

▼ Die katholische Kapelle auf Schloss Weesenstein

▼ Gräfin Cosels Wohngemach auf Burg Stolpen

▲ *Heimat eines Kaspers: Burg Hohnstein*

▲ *Barocktraum: der Park von Großsedlitz* ▼ *Auf Pirnas Markt lässt es sich gemütlich sitzen*

gewissen Carl Heinrich Nicolai dort oben die Sprache verschlagen hat. Er hatte anno 1801 den ersten Reiseführer durch die Sächsische Schweiz verfasst, der immer noch lesenswert ist, weil die Natur sich nicht verändert hat. Nur mit der Ruhe ist es auf der Bastei nicht mehr so wie damals – bei jährlich 500 000 Besuchern.

SPECIAL

Cosels Gefängnis

Anna Constanze von Brockdorff, geschiedene Hoym (1680–1765), spätere Gräfin Cosel, war nicht die einzige, aber eine besondere Mätresse Augusts des Starken. Elf Jahre hielt ihre Beziehung, aus der drei – von August später legitimierte – Kinder hervorgingen. Für sie baute der Kurfürst das Taschenbergpalais in Dresden und Schloss Pillnitz. Die Ehe hatte er ihr versprochen für den Fall, dass Gattin Eberhardine das Zeitliche segnete. In dieser Gewissheit überschätzte die Cosel wohl ihre Macht, verstrickte sich in Hofintrigen – und landete 1716 im Johannisturm der Burg Stolpen. 49 Jahre brachte sie dort zu. Dabei hätte sie 1733, nach dem Tod Augusts des Starken, eigentlich ihr Gefängnis verlassen können. Doch da wollte sie nicht mehr.

Dem eiligen Reisenden mag das reichen. Wer die Inspiration der Romantiker in der Sächsischen Schweiz nachvollziehen will, sollte sich mehr Zeit nehmen. Für das ›Wolfsschlucht‹-Erlebnis des Carl Maria von Weber, der sich hier zu seinem ›Freischütz‹ inspirieren ließ, muss man schon ein paar Schritte auf dem ›Malerweg‹ von Rathewalde ins Polenztal gehen. Caspar David Friedrichs ›Wanderer über dem Nebelmeer‹ blickt in eine Landschaft, die so zwar nicht existiert. Aber auf dem entsprechenden Wanderweg von Krippen zur Kaiserkrone begegnen einem tatsächlich die einzelnen Motive, nur weiter verstreut.

Im Tal des feinsinnigen Königs

Wer hätte sich träumen lassen, dass dieses an Waldhängen dahinplätschernde Flüsschen Müglitz so wüten kann. Wer von Dresden Richtung Glashütte fahren will, wählt normalerweise die schöne Strecke durch das Müglitztal, um am Schloss Weesenstein mit seinem farbenprächtigen

▲ In der Porzellan-Manufaktur in Meißen ist vieles noch Handarbeit

▲ Meißen: Kaiserin Adelheid war eine Stifterin ... ▶ ... des Doms

▲ Wein ist großes Thema rund um Meißen: Weinstube ...

▼ ... und Weinberge am Schloss Wackerbarth, ... ▲ ... wo das köstliche Produkt präsentiert wird

Barockgarten einen ausgedehnten Zwischenstopp einzulegen. Doch beim Augusthochwasser des Jahres 2002 verwandelte sich der Erzgebirgsbach in einen reißenden Strom, der Sandsteinskulpturen wie Wohnhäuser niederriss. Das Schloss selbst trotzte den Fluten und empfing bald wieder Hochzeitsgäste. Schwer zu sagen, was genau die Faszination dieses eigenartig verbauten Adelssitzes ausmacht. Vielleicht ist es die Mischung aus architektonischen Eigenwilligkeiten, geschmackvollen künstlerischen Details und Kuriositäten. Einen

SPECIAL

Das weiße Gold

August der Starke glaubte, dass der Apotheker Johann Friedrich Böttger in der Lage wäre, Gold zusammenzubrauen. Also sperrte er ihn ein und ließ ihn experimentieren. ›Tu mir recht, Böttger, sonst laß ich dich hängen‹, soll August gedroht haben. Dass am Ende ›nur‹ die Formel für Porzellan herauskam, war nicht weiter tragisch – denn das konnte man an den Höfen der Welt durchaus gegen Gold eintauschen. 1710 ließ der sächsische Kurfürst alle bedeutenden Residenzen Europas wissen, dass sein Land in der Lage war, sie mit den begehrten Deko-Materialien zu versorgen – China war aus dem Geschäft. Böttger auch. Er bekam zwar 1714 seine Freiheit zurück, nachdem das erste Meißner Porzellan im Vorjahr auf der Leipziger Ostermesse erfolgreich präsentiert worden war. Aber der Mann war krank von der Gefangenschaft am Königstein und den giftigen Gasen, die er bei seinen Experimenten eingeatmet hatte. Er starb – vom Hofe unbeachtet – mit 37 Jahren.

Pferdestall im fünften Stockwerk hat schließlich nicht jedes Schloss und nicht weit davon entfernt einen Festsaal mit barocken Goldledertapeten. Der schöngeistige Wettiner Johann I. hatte Weesenstein vor 175 Jahren zu seinem Lieblingsort erkoren, schrieb hymnische Verse auf das Schloss und vertiefte sich dort immer wieder in literarische Studien. Ein wenig von diesem Geist versucht heute der Dresdner Schauspieler Rolf Hoppe mit seinem literarisch-musikalischen Salon dort zu vermitteln.

▲ Schloss Moritzburg scheint auf dem See zu schweben

▼ Mexiko-Besuch beim Pow Wow: Karl-May-Festtage

▲ Karl May in Radebeul: in der Villa Bärenfett

▼ Moritzburger Hengstparade: Sechserzug

▼ Moritzburg war Jagdschlcss

▲ Felsenbühne Rathen: Auch ein edles Leben ist endlich

Stromabwärts zum Wein

Wer mit dem Elbdampfer in Radebeul anlegt oder sich auf dem Elberadweg der Stadt nähert, hat den schönsten Blick auf die Weinhänge der Lößnitz bereits genossen. Gerade mal 329 Hektar Ertragsfläche weist das wohl nördlichste und kleinste deutsche Weinanbaugebiet auf. Der feinwürzige Goldriesling wächst nur hier, und der Elbling hat als mittelalterlicher Klosterwein die längste Tradition. Entlang der Sächsischen Weinstraße gibt es viele Möglichkeiten, den Rebensaft in gemütlichen Weinstuben und auf sonnigen Terrassen zu genießen.

SPECIAL

Bestseller aus Sachsen

Eigentlich sollten die Sachsen ihm böse sein. Denn sie kommen nicht als Helden daher, sondern eher kauzig wie Tante Droll und Hobble Frank. Doch der Stolz auf den erfolgreichen Trivialautor überwiegt. 1842 in Hohenstein-Ernstthal geboren, wuchs Karl May ärmlich auf, saß wegen Diebstahls und Betrugs fast acht Jahre im Gefängnis – und wurde dank Winnetou, Old Shatterhand und Kara Ben Nemsi einer der berühmtesten Sachsen in der Welt. Von Radebeul aus, wo er 1896 eine Villa bezogen hatte, ließ Karl May seine Phantasie auf Reisen gehen und produzierte Bestseller am laufenden Band. Er starb 1912 als reicher Mann; sein Grabmal auf dem Friedhof Radebeul-Ost ist als antiker Nike-Tempel gestaltet.

Wer zum Wein noch den Atem der Geschichte spüren möchte, kommt an Meißen nicht vorbei. Die 929 auf einen Felssporn an der Elbe gesetzte Burg war Keimzelle des heutigen Freistaates. Noch immer ist dies einer der schönsten Plätze Sachsens. Nicht nur wegen der Aussicht auf die Meißner Weinberge und der guten Kartoffelsuppe in den Restaurants. Wo sonst gibt es einen Dom von überschaubarer Größe, in dessen wohliger Düsternis Kunstwerke erster Güte der Entdeckung harren. Wenn dann noch beim Abstieg vom Burgberg durch die Gassen der Altstadt vom Turm der Frauenkirche die Porzellanglocken erklingen, dann hat Meißens Flair den Besucher endgültig im Griff.

DRESDEN
MEISSEN
RADEBEUL
COSWIG
PIRNA
FREITAL
FREIBERG
RIESA
DÖBELN
DĚČÍN
Großenhain
Kamenz
Bischofswerda
Radeberg
Heidenau
Königstein
Bad Schandau
Sebnitz
Stolpen
Neustadt in Sachsen
Sächs. Schweiz
Nationalpark
Dippoldiswalde
Glashütte
Altenberg
Tharandt
Wilsdruff
Nossen
Lommatzsch
Moritzburg
Maßstab 1:300.000
52
66
104

Infos

Meissen ①

Die von Kaiser Heinrich I. 929 gegründete Burg war Jahrhunderte Sitz weltlicher und kirchlicher Macht. Auf dem Felsplateau schmiegen sich der gotische Dom und die von Herzog Albrecht erbaute Burg aneinander und dominieren die Silhouette der Stadt (29 000 Einw.).

Sehenswert: Der **Dom St. Afra** (13.–15. Jh.) auf dem **Burgberg**, einst Kathedrale des Bistums Meißen, bietet eine Fülle kunsthistorischer Schätze: die lebensgroßen Stifterfiguren aus der Naumburger Bildhauerwerkstatt (um 1260), den Flügelaltar von Lucas Cranach d. Ä. (1534), Kruzifix und Altarleuchter (1760) aus Meißner Porzellan, Grabdenkmäler in der Fürstenkapelle (15./16. Jh.) aus der Vischer-Werkstatt (tgl. 9.00–17.00, im Sommer bis 18.00 Uhr). Die angrenzende **Albrechtsburg**, 1471–1525 vom sächsischen Landesbaumeister Arnold von Westphalen als Residenz der Wettiner Fürsten erbaut, ist im Inneren reich ausgemalt mit Motiven zur Geschichte der Wettiner und der Stadt (1870), eine Ausstellung zeigt mittelalterliche Schnitzplastiken; die Treppenanlage ›Großer Wendelstein‹ (111 Stufen) gilt als technische Meisterleistung ihrer Zeit (Di.–So. 10.00 bis 18.00 Uhr). 1710 ließ August der Starke hier die Meißner Porzellanmanufaktur einrichten, die 153 Jahre lang auf der Burg blieb.

Auf dem Weg zum Marktplatz die **Afranische Freiheit** mit Kirche und Kloster St. Afra (1208 gegr., heute wieder Landesschule und Elitegymnasium). Im Herzen der sanierten Altstadt der **Marktplatz** mit spätgotischem **Rathaus** (1470–1486) mit drei Zwerchhäusern im 13 000 m² großen Dach, umgeben von stattlichen spätgotischen und Renaissance-Bürgerhäusern. Die **Frauenkirche** (1450–1500) mit spätgotischem Schnitzaltar und Sandsteinepitaphien beherbergt im Turm das erste spielbare Glockenspiel der Welt aus Meißner Porzellan (1929); die 37 Glocken erklingen täglich 6.30, 8.30, 11.30, 14.30, 17.30 und 20.30 Uhr (Turmbesichtigung Mai–Okt. tgl. 10.00–12.00 und 13.00–16.00 Uhr, So 11.00–16.00 Uhr). In der Nähe das stilvolle ›Weinhaus Vincenz Richter‹ im einem Fachwerkhäuschen mit Turm, wo man von Meißner Porzellan speist (Reservierung Tel. 03521/453285).

Im Triebischtal die weltberühmte **Staatliche Porzellan-Manufaktur**, die in ihrer Schauhalle etwa 3000 Ausstellungsstücke aller Stilepochen präsentiert (tgl. 9.00–17.00 Uhr); in der Schauwerkstatt kann man Drehern, Bossierern und Porzellanmalern bei der Arbeit zusehen (tgl. 9.00–12.00 und 13.00 bis 16.15 Uhr; Talstraße 9, Tel. 03521/468208, www.meißen.de). Unweit der Manufaktur stehen in der kleinen **Nikolaikirche** die größten Porzellanfiguren der Welt (Mai bis Sept. Mo.–Do. und So. 14.00–16.00 Uhr).

Veranstaltung: Mitte Mai wird der **Töpfermarkt** in der Altstadt zum Volksfest. Am letzten Sept.-Wochenende ein großes **Weinfest**.

Umgebung: Im 1206 erstmals erwähnten **Diesbar-Seußlitz** wurde 1726 vom Dresdner Baumeister George Bähr ein Barockschloss errichtet (heute Altenheim); vom barocken Gartenhaus Heinrichsburg kann man die französische und englische Gartenanlage mit Schlossteich überblicken. 1272 soll Markgraf Heinrich der Erlauchte dem örtlichen Kloster einen Weinberg geschenkt haben – damit begann die Weinbautradition in diesem sonnigsten Teil Sachsens. In den Elbweindörfern um Diesbar endet die 55 km lange **Sächsische Weinstraße.** Um Pfingsten herum sind die Weinwirtschaften entlang der Elbe meist proppenvoll – dann wird zum Rebensaft auch guter Spargel serviert.

ⓘ Tourist-Information, Markt 3, 01662 Meißen, Tel 03521/41940, Fax 03521/419419, www.touristinfo-meissen.de

Es geht um Leistung: Moritzburger Hengstparade

Moritzburg ②

Inmitten einer reizvollen Wald- und Teichlandschaft liegt auf einer Insel im Schlossteich das Jagdschloss Augusts des Starken.

Sehenswert: Das 1723–1736 von Matthäus Daniel Pöppelmann errichtete **Schloss** ist heute Museum mit einer historischen Trophäensammlung, Schlosskapelle, Gemälden aus dem 18. Jh., barockem Mobiliar, kostbarem Porzellan und außergewöhnlichen Wandbehängen aus Federn (April–Okt. tgl. 10.00–17.30, Nov.–März 10.00–16.00 Uhr, Jan. und Febr. nur Sa. und So). Im weitläufigen Schlosspark das Fasanenschlösschen (1760–1782) mit vogelkundlicher Ausstellung (tgl. 9.30–16.00 Uhr) und ein kleiner Hafen mit Mole und Leuchtturm, von August dem Starken zur Befriedigung seines Spieltriebes angelegt, damit dort die höfische ›Flotte‹ Seeschlachten nachstellen konnte. Südw. vom Schlossteich liegt der Rüdenhof, Zufluchtsstätte der Grafikerin Käthe Kollwitz, heute Gedenkstätte mit Ausstellung (Meißner Straße 7, Tel. 035207/82818; Di.–Fr. 11.00–17.00, Sa. und So. 10.00–17.00 Uhr).

Veranstaltung: Seit 1828 gehört die Pferdezucht zu Moritzburg. Alljährlich am 1. So. im Sept. stellt das Sächsische Landesgestüt seine Erfolge auf vergnügliche Art zur Schau.

ⓘ Moritzburg Tourismus, Schlossallee 3b, 01468 Moritzburg, Tel. 035207/8540, Fax 035207/85420, www.moritzburg.de

Radebeul ③

Die Kreisstadt (32 000 Einw.) mit Anziehungskraft für Millionäre, die sich in sanierten Villen an den Weinhängen der Lößnitz niedergelassen haben, war Wohnort Karl Mays, des meistgelesenen sächsischen Schriftstellers (1842–1912).

Sehenswert: Im Tal die ›**Villa Shatterhand**‹, das Wohnhaus Karl Mays; das Museum zeigt den Nachlass des Abenteuerschriftstellers. In der benachbarten ›**Villa Bärenfett**‹ über 800 Exponate zur Geschichte der Indianer Nordamerikas (Karl-May-Straße 5, www.karl-may-museum.de; Di.–So. März–Okt. 9.00–18.00, sonst 10.00–16.00 Uhr).

Das barocke **Schloss Wackerbarth** (1728/1729) unterhalb des Jakobsteins beherbergt das Sächsische Staatsweingut (Wackerbarthstraße 1, www.schloss-wackerbarth.de; Gutsverkauf tgl. 10.00–18.00 Uhr). Etwa 3 km weiter östl. auf der Höhe **Bismarckturm** mit Fernsicht über die Weinberge ins Elbtal. Darunter das Fachwerk-**Haus Hoflößnitz**, 1650 als kurfürstliches Lusthaus errichtet; heute Museum zur Geschichte des Weinbaus in der

›Spiel der Aromen‹: Weinprobe auf Wackerbarth

Eine Kahnpartie durch die Kirnitzschklamm ist ein beliebter Ausflug

TIPP

Auf schmaler Spur

Vom Bahnhof Radebeul-Ost verkehrt der ›Lößnitzdackel‹ Richtung Radeburg. Die gut 16,5 km lange Strecke führt durch eine abwechslungsreiche Landschaft. Aus dem kühlen Lößnitzgrund geht es über die Hochebene bei Friedewald, auf dem 210 m langen Damm über den Dippelsdorfer Teich durch die Moritzburger Wälder bis nach Radeburg, dem Geburtsort des Berliner Malers Heinrich Zille. So. und Fei. verkehren um 10.00 Uhr Traditionszüge mit Holz- und Polsterklasse, Kanonenöfen, handgeknüpften Gepäcknetzen und passend gekleidetem Personal (Fahrkartenreservierung Tel. 0351/46148001, www.traditionsbahn-radebeul.de).

Region (Knohlweg 37; Di.–So. 14.00 bis 17.00, Sa. 10.00–17.00, Schoppenstube Di. bis So. 14.00–22.00 Uhr).

Nahe dem Elbdamm erstreckt sich der sanierte historische Ortskern des ehem. Fischerdorfs **Alt-Kötzschenbroda**. In den einstigen Hofanlagen aus dem 18./19. Jh. reihen sich Weinkneipen und hübsche Geschäfte.

Veranstaltungen: Ende Aug. feiern die Winzer der Hoflößnitz mit einem großen Umzug ihr **Weinfest**, Ende Sept. ist dann ganz Radebeul beim **Herbst- und Weinfest** mit Kirmes, Gauklern, Theater und Musik drei Tage auf den Beinen. Kinder und Freunde des Wilden Westens können beim **Karl-May-Fest** am 1. Juni-Wochenende echte Indianer bestaunen, selbst reiten oder Zeuge eines ›Überfalls‹ auf den ›Lößnitzdackel‹ werden.

ⓘ Tourist-Information, Pestalozzistraße 6a, 01445 Radebeul, Tel. 0351/8311905, Fax 0351/8311902, www.radebeul.de

Stolpen ④

August der Starke ließ die ehem. Grenzfeste der Meißner Bischöfe zur Feste ausbauen, die im Wesentlichen als Gefängnis genutzt wurde. Prominenteste Insassin war seine Mätresse, Gräfin Cosel, 49 Jahre im ›Coselturm‹ eingesperrt.

Sehenswert: In der **Burg** (Urspr. 13. Jh., 17. Jh.) auf einem Basaltkegel wartet neben Folterkammer und Verliesen ein Burggeist auf schreckhafte Kinder. Die Aussicht über das sanft hügelige Lausitzer Bergland ist ein Genuss, der mit der Sächsischen Kartoffelsuppe im Burgrestaurant noch gesteigert werden kann (April–Nov. tgl. 9.00–17.00, sonst 10.00–16.00 Uhr). Theater, Konzerte und Lesungen in der Burg lohnen sich ebenso wie ein Rundgang durch die Altstadt.

ⓘ Stolpen-Information, Schloßstraße 14a, 01833 Stolpen, Tel. 035973/27313, Fax 035973/24438, www.stolpen.de

Pirna ⑤

Das ›Tor zur Sächsischen Schweiz‹ (45 000 Einw., 1233 erwähnt) besitzt einen gut erhaltenen mittelalterlichen Stadtkern, der an die Blütezeit als Handelsplatz (u. a. Sandstein) erinnert.

Sehenswert: Am **Marktplatz** stehen reich verzierte **Bürgerhäuser** aus dem 15. und 16. Jh. mit spätgotischen Elementen (Kaufmannshaus, Markt 3), hohem Giebel (Canalettohaus mit Ausstellung über Wirken des Barockmalers Canaletto in Pirna, Markt 7), barocken Portalen (Markt 9) und Hauszeichen (Sparkasse, Markt 19), reich verzierten Sitznischenportalen (Apotheke zum Löwen, Markt 17). Mitten auf dem Platz das **Rathaus**, als Kaufhaus bei der Stadtgründung errichtet, im Stilmix aus Gotik, Renaissance und Barock. Auf dem angrenzenden Kirchplatz die spätgotische Hallenkirche St. Marien (1502–1546) mit restauriertem Netzgewölbe und Deckenmalerei nach einer illustrierten Lutherbibel von 1534, insgesamt 80 Epitaphen und Altar aus der Spätrenaissance (Mo.–Sa. 10.00–12.00 und 14.00 bis 15.30, So. 16.00–18.00, Turmführung Di. 17.00 Uhr). Ein Bummel durch die Seitenstraßen lohnt – nicht nur, um in der Schmiedestraße (Nr. 19) das Geburtshaus des Ablasspredigers und Luther-Gegners Johannes Tetzel zu entdecken ...

Museum: Mittelalterliche Fresken schmücken die gotische **St.-Heinrichs-Kirche** (um 1320), ehemals Dominikanerklosterkirche; im Kapitelsaal das **Stadtmuseum** zur Stadtgeschichte (Klosterhof 3; Mai–Okt. Di.–So. 10.00–18.00, sonst bis 17.00 Uhr).

Umgebung: Wenige Kilometer westl. liegt ein meisterhaftes Beispiel französischer Gartenkunst, der **Barockgarten Großsedlitz**. 1719 bis 1732 entstand ein 16 ha großer Prunksaal unter freiem Himmel, mit Lindenallee, Heckenwänden, geometrisch angelegten Rasenflächen und Blumenrabatten, mit Wasserspielen, Freitreppen und verspielten Götterfiguren aus Sandstein (April–Sept. tgl. 7.00 bis 20.00, sonst 8.00–18.00 Uhr).

Im Tal der Müglitz steht auf einem Felssporn **Schloss Weesenstein** (16. Jh.), der mehrfach umgebaute und erweiterte Lieblingsort des schöngeistigen Wettiner-Königs Johann (1801–1873). Unter dem lindgrün leuchtenden Schloss liegt ein gepflegter Barockgarten. Im Inneren mit Originalmobiliar des 19. Jh. eingerichtete Stilräume; barocke Schlosskapelle, Kornboden, Brauerei und eine vielgerühmte Schlossküche (Am Schloßberg 1, Tel. 035027/6260, www.schloss-weesenstein.de; April–Okt. tgl. 9.00–18.00, sonst 10.00 bis 17.00 Uhr,).

ⓘ TouristService Pirna, Markt 7, 01796 Pirna, Tel. 03501/46570, Fax 03501/465715, www.touristservice-pirna.de

Wehlen ⑥

Autofreier Ort (Parkplätze ›Schöne Aussicht‹ oder an der Elbfähre) mit hübschem Marktplatz und Burgruine; von dort gute Aussicht über die Elbe. Ausgangspunkt für Wanderungen in den Wehlener und Uttewalder Grund oder entlang der Elbe nach Rathen und zur Bastei.

Museum: Am **Heimatmuseum** hat der Dresdner Bergsteiger und Bildhauer Hans Thumm 1925 einen 4500 m² großen **Garten** mit alpinen Pflanzen angelegt (Lohmener Straße 18; Mai–Okt. tgl. 10.00–17.00 Uhr).

Umgebung: In **Lohmen** ist die barock-klassizistische Dorfkirche (1786–1788) sehenswert. Von **Uttewalde** führt ein Wanderweg (12 km) durch Felsentor und -höhlen zur Bastei.

In der Sommersaison verkehrt der ›Basteikraxler‹ tgl. ab 9.00 Uhr zur vollen Stunde vom Wehlener Marktplatz aus.

ⓘ Gästeamt Stadt Wehlen, Markt 5, 01829 Stadt Wehlen, Tel. 035024/70414, Fax 035024/70434, www.stadt-wehlen.de

Rathen ⑦

Das touristische Zentrum der Sächsischen Schweiz ist Ausgangspunkt für Wanderungen zur Bastei (steile 5 km, ca. 2 Std.) und zur Felsenbühne im Wehlgrund (1935/1936 angelegt).

Infos

Bastei: Das Basteigebiet ist wegen seiner weltberühmten Aussicht wohl der am meisten besuchte Teil des Elbsandsteingebirges. Von der 76 m langen Basteibrücke sind die bizarren Felsformationen zu sehen.
Vom Basteifelsen gelangt man über den Gansweg durch die Schluchten der ›Schwedenlöcher‹ (Zufluchtsort im Dreißigjährigen Krieg) in den Amselgrund. Wo der kleine Grünbach über eine 10 m hohe Felsstufe (Amselfall) stürzt, gibt es für den Wanderer seit 1830 eine Gaststätte; talabwärts lädt der 1934 zum Amselsee aufgestaute Grünbach zu einer Kahnpartie im Grünen ein.

Veranstaltungen: Die **Felsenbühne** bietet mit wildromantischer Kulisse Platz für 2000 Zuschauer. Hier wurden die ersten Karl-May-Spiele inszeniert; heute stehen auch Shakespeare, Musicals, Märchen, Opern auf dem Programm (www.felsenbuehne-rathen.de).

ⓘ Gästeamt Niederrathen, 01824 Kurort Rathen, Tel. 035024/70422, www.kurort-rathen.de

Hohnstein 8

Viele Alpinisten kamen aus dem denkmalgeschützten Ort mit steilen und winkeligen Gassen, der auch durch die Handpuppenfigur ›Hohnsteiner Kasper‹ bekannt ist.

Sehenswert: Auf steilem Fels hoch über dem Polenztal liegt die Burg (Urspr. 14. Jh., mehrfach umgebaut und zum Schloss erweitert; 1933 und 1934 ›Schutzhaftlager‹), heute Museum und Jugendherberge (März–Okt. tgl. 9.00–17.00 Uhr). Die **Stadtkirche** am Markt (1725–1736) stammt von George Bähr. Unter den hübschen **Fachwerkhäusern** im Ort ragen Rathaus (1688) und Apotheke (1721) besonders hervor.

Umgebung: Das 22 km lange **Polenztal** ist besonders im Frühling zur Blüte der Märzenbecher ein Genuss; mehrere alte Mühlen werden teilw. als Gaststätten genutzt. Den besten **Rundblick** hat man von der Napoleonschanze (10 Min. Fußweg vom Postamt Hohnstein).

Königstein: 1241 wurde die Burg Königstein auf dem 361 m hohen Sandsteintafelberg erstmals erwähnt. 300 Jahre später ließ Kurfürst Christian I. sie zur Festung ausbauen, eine der stärksten in Deutschland des 16. und 17. Jh. Sie wurde nie erobert – mangels Interesse, da sie auch nie umkämpft war; vielmehr dienten die gut 40 Gebäude und Kasematten auf dem 9,4 ha großen Plateau als Unterkünfte für Wachregimenter und ab 1591 fast 400 Jahre lang als Staatsgefängnis. Schatzhaus, Kommandantur, Georgenburg (mit Böttger-Ausstellung), das Zeughaus mit Kriegsgerät und vor allem die Brunnenanlage sind Anziehungspunkte (April–Sept. tgl. 9.00 bis 20.00, Okt. bis 18.00, sonst bis 17.00 Uhr; www. festung-koenigstein.de).

ⓘ Fremdenverkehrsamt, Rathausstraße 10, 01848 Hohnstein, Tel. 035975/81250, Fax 035975/81251, www.hohnstein.de

Bad Schandau 9

Ältester Urlaubsort der Sächsischen Schweiz, der 1730 nach der Entdeckung einer eisenhaltigen Quelle zum Badeort wurde.

Sehenswert: An der Ostseite des Marktes steht die Kirche **St. Johannis** (1704) mit Kanzel und Altar aus der Renaissance. Ortsauswärts Richtung Schmilka die direkte Verbindung zum Villenort **Ostrau** – ein 50 m hoher, freistehender stählerner Personenaufzug von 1904. Vom Ostrauer Plateau aus faszinierender Blick auf das Elbtal mit Falkenstein und Schrammsteinen (im Sommer tgl. 9.00–19.00, sonst bis 18.00 Uhr). Elbaufwärts stehen in **Postelwitz** einige Umgebindehäuser aus dem 17. Jh. (›Sieben-Brüder-Häuser‹).

Umgebung: Vom Stadtpark aus startet seit 1898 die **Kirnitzschtalbahn** ihre 30 Min. dauernde Fahrt durch das malerische Tal. Nach knapp 8 km ist der Lichtenhainer Wasserfall erreicht, ein künstlich angelegtes, 5 m hohes Wasserspiel. Eine halbe Std. entfernt der ›Kuhstall‹, ein 11 m hohes und 24 m tiefes Felsentor. Über die eisernen Stufen der ›Himmelsleiter‹ gelangt man auf den Neuen Wildenstein (336 m); dort herrliche Aussicht.

ⓘ Tourist-Info, Haus des Gastes, Markt 12, 01814 Bad Schandau, Tel. 035022/9003033, Fax 035022/90034. www.bad-schandau.de

Sebnitz 10

Die von hügeligen Wäldern umgebene Kleinstadt (10 000 Einw.) war früher ein Zentrum der Kunstblumenproduktion.

Sehenswert: Spätklassizistische Bebauung umgibt den denkmalgeschützten **Marktplatz**. Die laut Guinness-Buch größte Seidenrose der Welt reckt sich über 3,70 m hoch im Pavillon des **Kunstblumen- und Heimatmuseums** (Hertigswalder Straße 12; Di.–So. 10.00–17.00 Uhr); wie die Blumen aus Stoff und Draht hergestellt werden, zeigt die Schauwerkstatt (Schillerstraße 3; Di.–So. 10.00–17.00 Uhr, Mo. nur Verkauf). Das neu eröffnete **Afrikahaus** will ambitioniert mit den Kulturen des Kontinents vertraut machen (Hertigswalder Straße 14, www. afrikahaus-sebnitz.de; Di.–So. 10.00–17.00 Uhr).
Für Väter und Söhne bietet der führende Hersteller von TT-Modelleisenbahnen eine kleine Museumsschau mit **Modellbahnanlage** (Tillig-Modellbahnen, Lange Straße 58, www.tillig-tt-bahn.de; Di.–Fr. 12.00–16.00, Sa. 14.00–17.00 Uhr).

Veranstaltung: Alljährlich finden am 2. Aprilwochenende die Blumentage mit Kunsthandwerkermarkt statt.

ⓘ Tourist-Information, Schillerstraße 3, 01855 Sebnitz, Tel. 035971/53079, Fax 035971/53182, www.sebnitz.de

Mit schönem Blick: das Felsentor ›Kuhstall‹

TIPP

Der Nationalpark

Die 275 km² der einmaligen Fels-Wald-Landschaft des Elbsandsteingebirges sind seit 1956 Landschaftsschutzgebiet; ein Teil wurde 1990 zum Nationalpark erklärt. In dem 93 km² großen Naturraum gibt es rund 400 km markierte Wanderwege, 745 genehmigte Kletterfelsen, 36 km markierte Fahrradrouten, etliche Aussichtspunkte mit Panoramablick. Die Nationalpark-Ranger bieten Mo.–Do. geführte Wanderungen mit unterschiedlichen Schwierigkeitsgraden an, zusätzlich thematische Führungen durch den Park. Informationsstellen über Teilgebiete sind auf dem großen Winterberg (Eishaus; Mai–Sept. tgl. 10.00–18.00, sonst bis 16.00 Uhr) und in der Amselfallbaude im Amselgrund zwischen Rathen und Rathewalde eingerichtet (Mai–Sept. tgl. 10.00–17.00, sonst bis 16.00 Uhr). Den besten Überblick über Fauna, Flora und Geologie der Sächsischen Schweiz gibt es im Nationalparkhaus in Bad Schandau – mit Multivisionsshows und originalgetreu nachgebauter Felswand (Dresdner Straße 2, Tel. 035022/50230, www. saechsische-landesstiftung.de; April bis Okt. 9.00–18.00, sonst bis 17.00 Uhr). Info bei der Nationalparkverwaltung, An der Elbe 14, 01814 Bad Schandau, Tel. 035022/90060, Fax 90066, www. nationalpark-saechsische-schweiz.de.

Geld und Geist tief im Osten

›Luzica‹ ist Slawisch und bedeutet ›Sumpfland‹. Doch vom Morast blieb nichts in der Lausitz. Kiefernwälder und mehr als 1000 stille Gewässer prägen die Oberlausitzer Heide- und Teichlandschaft. Im Süden erstrecken sich sanfte Hügel bis zu den Felsformationen des Zittauer Gebirges. Dazwischen breiten sich Umgebindehäuser aus und einst durch Handel reich gewordene Städte, Spiegel der Geschichte aus slawischer Besiedlung, böhmischer, sächsischer und preußischer Herrschaft, deutscher Teilung und des Wunsches, auch die heutigen Grenzen zu überwinden.

Wirklichkeit gewordene Gartenträume: die Schlösser im Pücklerschen Park Bad Muskaus.

▼ Lessing-Museum in Kamenz: der Dichter und sein Major von Tellheim ▲ Der klassische Bautzen-Blick: vorn die Wasserkunst ▼ In Bautzens Dom St. Petri

▲ Leckereien in der Pulsnitzer Lebkuchenfabrik

▲ Sorbisches Brauchtum: Osterreiter im Klosterhof von Marienstern ▼ Irrgarten in Kleinwelka

Ein wenig fremd mutet das terracottafarbene Rathaus im italienischen Stil schon an. Und so wichtig, wie man angesichts des prächtigen Baus eines Schinkel-Schülers annehmen könnte, ist der Platz der Kreisstadt Kamenz in den deutschen Geschichtsbüchern auch wieder nicht. Aber immerhin ist dort ein bedeutender Dichter aufgewachsen: Gotthold Ephraim Lessing, dessen Dramen ihren festen Platz in der Weltliteratur haben.

Kulturelle Eigenständigkeit

Die zweisprachigen Orts- und Straßenschilder weisen schon darauf hin, dass hier die Nachfahren der slawischen Ursiedler gleichberechtigt mit den Nachkommen der deutschen Kolonisten leben. Die sächsische Landesverfassung garantiert den etwa 40 000 Sorben in der Lausitz ihre kulturelle Eigenständigkeit. Diese ist eng verbunden mit dem katholischen Glauben, weshalb man angesichts der Kruzifixdichte auf den Dörfern schon fast an bayerische Verhältnisse erinnert wird. Dass sich im Mutterland der Reformation in dieser Gegend der Katholizismus so ungefährdet halten konnte, liegt an den langen Jahren der böhmischen Herrschaft. So waren auch die Klöster Marienstern in Panschwitz-Kuckau und Marienthal in Ostritz sicher vor reformatorischen Bilderstürmern. In Bautzen machte man sogar richtig Ernst mit der religiösen Toleranz, teilte den Dom St. Petri in der Mitte und feiert dort bis heute gleichermaßen katholische und evangelische Gottesdienste.

Ein ›Nürnberg des Ostens‹

Wegen ihrer 17 Türme und Bastionen wird Bautzen immer wieder gern als mit der fränkischen Metropole verglichen. Tatsächlich ist die Bebauung des Steilufers entlang des Spreebogens eine Meisterleistung mittelalterlicher Baukunst, gekrönt von der Ortenburg, deren hell strahlende Renaissance-Giebel weithin sichtbar sind. Über den Burgberg verlaufen romantische Gassen, und seit dem Altstadtkern mit einem umfassenden Sanierungskonzept zu Leibe gerückt wurde, sind die verfallenen Bürgerhäuser im Bereich der Fußgängerzone wieder ein Blickfang, der den einstigen Reichtum Bautzens ahnen lässt.

▲ Großschönaus Damastmuseum

▼ Großes Fastentuch in Zittaus Kirche zum Heiligen Kreuz

▲ Leuchtende Sterne, eine Besonderheit aus Herrnhut

▲ Lausitzer Klosterpracht: Marienthal bei Ostritz

▲ Obercunnersdorf: Umgebinde ist eine Fachwerkspezialität sorbischer Siedlungen

Gute Luft und wacher Geist

Wenn die Burg- und Klosterruine aus dem 16. Jahrhundert am Berg Oybin im Fackelschein liegt und die Gesänge der Mönche von den Gemäuern widerhallen, dann fragt niemand danach, ob das denn so auch authentisch ist. Natürlich sind es die Mönche nicht, aber das tut der Stimmung keinen Abbruch. Das mächtige Sandsteinmassiv des Oybin, geformt wie ein Bienenkorb, war bis 1577 tatsächlich Sitz eines Klosters. Ein Blitzschlag beendete das Klosterleben abrupt; die Ruinen aber entwickelten sich schon bald zu einem Publikumsmagneten, der – wie sollte es in dieser Gegend anders sein – auch von den Malern der Romantik entdeckt wurde, allen voran Caspar David Friedrich.

Wenn auch viel kleiner, das Zittauer Gebirge ist ähnlich spektakulär wie das Elbsandsteingebirge. Bizarre Sandsteinformationen, beeindruckende Fernsichten und

SPECIAL

Die Welt als Garten

Hermann Ludwig Heinrich Fürst von Pückler-Muskau (1785–1871) war Weltenbummler, Reiseschriftsteller und Visionär. Die Natur in ihrer schönsten Gestalt sollten seine Landschaftsgärten zeigen. Gestaltungsideen brachte er von Fernreisen nach Afrika und in den Vorderen Orient mit. Galant wie er war, konnte er das Herz der vermögenden Lucie, Tochter des Staatskanzlers Karl August von Hardenberg, erobern und mit ihrem Geld in der Lausitz seinen Traum verwirklichen. In England und Frankreich begab er sich auf Einkaufstour, um Stil nach Muskau zu bringen. 1826 hatte er das Vermögen seiner Frau durchgebracht, die daraufhin pro forma die Scheidung einreichte, damit er sich in England eine Millionärin suchen konnte. Drei Jahre bemühte er sich vergebens, hielt aber Lucie mit Briefen auf dem Laufenden. Die kluge Frau ließ sie als ›Briefe eines Verstorbenen‹ veröffentlichen und brachte so wieder Geld in die Gartenkasse. Als 1845 auch das verbraucht war, verkaufte Pückler seinen Muskauer Garten und zog sich mit Lucie auf den Familiensitz im preußischen Branitz zurück – um auch dort wieder einen Landschaftsgarten anzulegen.

▼ Nostalgisch ins Zittauer Gebirge: Oybin

▼ Gusseisernes Kunstwerk: Löbauer Berg

▲ Sorbische Tracht aus dem Bautzener Land

▼ Schönhof in Görlitz: Renaissance-Architektur

▲ Görlitz: Justitia vor dem Rathausportal

▲ Die Rakotzbrücke im Kromlauer Park ▼ Einkaufen mit Flair: Jugendstil in Görlitz

beschauliche Kurorte, bereits seit dem 19. Jahrhundert auf Tourismus spezialisiert, wechseln einander ab. Und in den Mühlsteinbrüchen bei Jonsdorf wurde der Lohn für die schmucken Türstöcke erarbeitet, von denen in dem kleinen Bergort Waltersdorf allein 60 erhalten geblieben sind.

Mittendrin im Dreiländereck Sachsen–Tschechien–Polen putzt sich Zittau von Jahr zu Jahr mehr heraus. Man kann das Auto getrost stehen lassen; beim Bummel durch die Altstadt reihen sich barocke Bürgerhäuser, prächtige Handelshöfe, Rokokofassaden und Renaissance-Giebel aneinander. Karl Friedrich Schinkel hat auch hier mit einem Rathaus im Stil der italienischen Renaissance seine Spuren hinterlassen. Dort führt man heute einen zähen Kampf gegen Arbeitslosigkeit und Abwanderung und hofft auf die Öffnung der Grenzen zu Polen und Tschechien. Sie würde Zittau von der Randlage befreien und die alten Verbindungen nach Böhmen wieder aufleben lassen.

Perle an der Neiße

Auch Görlitz war 40 Jahre lang an den Rand gedrängt. Darüber ist fast in Vergessenheit geraten, dass hier Deutschlands größtes original erhaltenes Gründerzeitviertel liegt. Und eine verträumte Renaissance-Altstadt, in der man durch verwinkelte Gassen schlendern und sich in den Höfen der alten Handelshäuser vorstellen kann, wie die Tuchmacher ihre Produkte von den Galerien herunter entrollten. In deren Ladenlokale ist inzwischen neues Leben eingezogen. Gemütliche Cafés und Restaurants, in denen schlesische Küche geboten wird, sind willkommene Ruheinseln für alle, die sich an der Schönheit der sanierten Fassaden und der architektonischen Vielfalt nicht satt sehen können. 3500 denkmalgeschützte Gebäude sind in der Tat eine Herausforderung für jeden interessierten Besucher der Stadt.

Bald wird man unterhalb der Kirche St. Peter und Paul über die neue Neißebrücke zu Fuß ins polnische Zgorzelec gehen können und eine Ahnung davon bekommen, wie groß Görlitz einmal war. Einen ersten Überblick zu diesem Aspekt schlesischer Geschichte bietet schon heute das Schlesische Museum.

Maßstab 1:375.000
6 km
DRESDEN
BAUTZEN
BUDYŠIN
GÖRLITZ
ZGORZELEC
HOYERSWERDA
WOJERECY
WEISSWASSER
BĚLA WODA
SENFTENBERG
Kamenz
PIRNA
MEISSEN
RADEBEUL
COSWIG
FREITAL
Zittau
Löbau
Niesky
POLSKA
CZ
Woj. Dolno-śląskie
40

Infos

Pulsnitz ①

Um 1900 gab es in der hübschen Kleinstadt (7000 Einw.) neben traditionellen Töpfer- und Blaudruckern über 50 Pfefferküchlereien; heute stellen noch neun Betriebe den über die Region hinaus bekannten Lebkuchen her.

Sehenswert: Am Markt das **Rietschel-Denkmal** (1890), ein Renaissance-**Rathaus** (1555) und ein achteckiger Sandsteinbrunnen von 1797. In der spätgotischen **Nicolaikirche** (15. Jh.) eine lebensgroße Pietà von Rietschel (Kirchplatz 1; Mo.–Sa. 14.00–17.00 Uhr,).

Museum: Informationen über den aus Pulsnitz stammenden Bildhauer Ernst Rietschel (1804–1861) sowie das hiesige Handwerk im **Stadtmuseum** (Goethestraße 24, www.pulsnitz.de; Di.–Fr. 9.00–15.00 Uhr).

Handwerk: In der Blaudruckwerkstatt Pulsnitz (Bachstraße 7, Tel. 035955/73873; Mo.–Fr. 8.00–12.00 und 13.00–17.00, Sa. 9.00 bis 12.00 Uhr) werden mit alten Modeln in der traditionellen Technik Stoffe bedruckt. Schauvorführungen in der Pulsnitzer Lebkuchenfabrik (Feldstraße 15, Tel. 035955/51274).

Umgebung: Etwa 15 km südöstl. steht das Barockschloss **Rammenau** (1721–1737) in einem schönen englischen Landschaftsgarten.

ⓘ Pulsnitz-Information, Am Markt 3, 01896 Pulsnitz, Tel. 035955/44246, www.pulsnitztal-westlausitz.de

Kamenz ②

Die heutige Kreisstadt (19 300 Einw.) der westl. Oberlausitz wurde 1225 erstmals erwähnt. Sie ist Geburtsstadt des Dichters Gotthold Ephraim Lessing (1729–1781).

Sehenswert: Der Weg zur Altstadt führt an der **Annenkirche** (1493–1507) vorbei; im Inneren spätgotische Schnitzaltäre und Plastiken (geöffnet zu den Gottesdiensten). Etwas versteckt in der Königsbrücker Straße ein Friedhof mit der kleinen **Justkirche** (14. Jh.) mit gotischen Wandmalereien. Dominierend in der Altstadt ist die spätgotische **Marienkirche** (bis 1480, Turm 63 m) mit wertvollen Altären aus dem 15. Jh. (Kirchstraße 20, Tel. 03578/304199; Besichtigung n. Vereinb.). Am Marktplatz entstand 1842 nach einem Stadtbrand das **Rathaus** im Stil eines italienischen Palazzo. Der **Andreasbrunnen** (1570) davor ist eine gute Sandsteinarbeit. In den **Fleischbänken** in der Kirchstraße hinter dem Rathaus boten von 1487 bis ins 20. Jh. die Metzger ihre Waren feil; nach einem Brand wurden sie klassizistisch wieder aufgebaut.

Museen: Im Ponickauhaus mit Barockfassade (1745) informiert das **Museum der Westlausitz** anschaulich über Landschafts- und

Kloster Marienstern steht allen offen

Stadtgeschichte (Pulsnitzer Straße 16, www.museum-westlausitz.de; Di.–So. 10.00 bis 18.00 Uhr). Dem Leben und Wirken des großen deutschen Dichters ist das **Lessing-Museum** gewidmet (Lessingplatz 1–3, www.lessingmuseum.de; Di.–Fr. 9.00–16.00, Sa., So. und Fei. 13.00–16.00 Uhr).

Feste: In den Tagen um Bartholomäus (24. Aug.) feiert Kamenz eine Woche lang das **Forstfest**; Höhepunkt ist der Umzug weiß gekleideter Schüler mit farbenfrohen Kränzen. Bei den **Lessingtagen** (Ende Jan.–Mitte Febr.) steht die Kunst des Dichters (›Miss Sara Sampson‹, 1755; ›Minna von Barnhelm‹, 1766) im Mittelpunkt von Theatergastspielen, Vorträgen, Lesungen und Ausstellungen.

Umgebung: Das **Kloster Marienstern** (10 km südöstl.) in **Panschwitz-Kuckau** wird seit Mitte des 13. Jh. von Zisterzienserinnen geführt, die nicht nur vorzüglich Brot backen, ein gutes Klosterbier anbieten, sondern auch einen Kräuter- und Lehrgarten zeigen. Das Kloster wurde bis 1732 barock umgestaltet; aus gotischer Zeit blieben Kreuzgang, Kreuzkapelle und Kapitelsaal. Die Zisterzienserinnen sind Besuchern gegenüber sehr aufgeschlossen, wie man beim **Osterreiten** erleben kann; sie nehmen zu Besinnungstagen auch Gäste auf (Cisinskistraße 35, Tel. 035796/99417, www.marienstern.de; Mo.–Do. 14.30 bis 16.00, Sa. und So. 13.00–16.00 Uhr).

ⓘ Kamenz-Information, Pulsnitzer Straße 11, 01917 Kamenz, Tel. 03578/7000111, www.kamenz.de

Hoyerswerda ③

Die 45 000-Einw.-Stadt ist seit 1914 Zentrum der Braunkohleindustrie und verzehnfachte seine Einwohnerzahl.

Sehenswert: Aus der ›Vorkohlezeit‹ stammt der **Markt** mit barocken Bürgerhäusern, Sorbenbrunnen und **Rathaus**, 1449 als Renaissancebau entstanden und 1680 nach Bränden neu aufgebaut. Die Lange Straße war im 18. Jh. Handwerkermeile. Ältestes Bauwerk ist die ehem. **Wasserburg** (13. Jh.), 1592 zum Renaissance-Schloss umgebaut und heute Sitz des Stadtmuseums. Direkt daneben liegt der **Zoo** mit über 1000 Tieren (tgl. 8.30 bis 18.30 Uhr, im Winter kürzer).

Museen: Das **Stadtmuseum** zeigt Ausstellungen zur Kultur der Oberlausitzer Sorben sowie zur Regional- und Stadtgeschichte (Schloßplatz 1; Di.–So. 9.00–17.00 Uhr). Im Ortsteil Knappenrode wurde die 1993 stillgelegte Brikettfabrik zum **Bergbaumuseum** umgewandelt, in dem die Brikettproduktion nachvollzogen werden kann (Thälmann-Straße 8; April–Okt. Di.–Fr. 9.00–16.00, sonst bis 15.00, Sa. und So. 10.00–17.00 Uhr).

Umgebung: Der 264 ha große **Knappensee**, heute beliebtes Ausflugsziel, entstand 1945 im Braunkohletagebau durch eine unplanmäßige Flutung. Durch das Dubringer Moor bei Knappenrode führt ein 4,5 km langer Lehrpfad; mit Glück sieht man im einzigartigen Moorgebiet Sumpfschildkröten.

Wittichenau (6 km südl.), herausgeputzte Kleinstadt (1248 erwähnt), gilt als Zentrum der sorbischen Kultur und ist am Ostersonntag der Tipp für Zuschauer beim Osterreiten.

ⓘ Tourist- und Stadtinformation, Schloßplatz, 02977 Hoyerswerda, Tel. 03571/456920, Fax 03571/456925, www.hoyerswerda.de

SPECIAL

Sorbische Feste

Zum Dank für die Winterfütterung bringen die Vögel den Kindern am 25. Januar Süßigkeiten. Und weil sie überlebt haben, können die Vögel Hochzeit halten – das spielen die Kleinen bei der sorbischen Vogelhochzeit nach: Fein herausgeputzt mit Trachten und schwarzen Anzügen, ziehen sie singend durch die Gemeinden. Und wenn Tausende Männer am Ostersonntag in Gehrock und Zylinder auf festlich geschmückten Pferden singend und betend die frohe Botschaft von der Auferstehung Christi von der Heimatgemeinde zum benachbarten Kirchspiel bringen – erst dann ist Ostern. Besonders eindrucksvoll sind die Züge von Wittichenau und vom Kloster Marienstern aus. Hier umkreisen die Reiter dreimal den geräumigen Innenhof, wobei ihre Gesänge in den Klostermauern besonders schön klingen. In der Walpurgisnacht (30. April) brennen die Lumpenhexen auf dem Reisighaufen – sehr zur Freude der Kinder, die sie mit Fackeln anzünden dürfen.

NIESKY ④

1742 wurde die Kleinstadt (11600 Einw.) von böhmischen und mährischen Glaubensflüchtlingen nach Herrnhuter Vorbild gegründet.

Sehenswert: Am Zinzendorfplatz **Kirche** und **Friedhof** der Brüdergemeinde. In Blockhaus-, Goethe- und Raschkestraße stehen noch 1920er-Jahre-**Musterhäuser** der seinerzeit größten Holzhausfabrik Europas. **Heimatmuseum** im Raschkehaus (Zinzendorfplatz 8; Mo.–Fr. 9.00–17.00, So. 14.00–17.00 Uhr).

Bad Muskau: Der 1815–1845 angelegte **Landschaftspark** im englischen Stil (300 ha) ist hier zu Lande größter seiner Art. Dass er mit 700 ha über die Grenze nach Polen reicht, wird seit den 1990er-Jahren wieder als verbindendes Element begriffen. Auf beiden Seiten bemüht man sich, den alten Glanz wieder aufleben zu lassen. 30 km Wanderwege führen vorbei am Alten Schloss (Urspr. 14. Jh.) mit Stadt- und Parkmuseum, das über die Entstehung informiert (www.badmuskau.de; Mai–Sept. Di.–Fr. 10.00–12.00 und 13.00 bis 17.00, Sa. und So. 13.00–17.00, Okt.–März bis 16.00 Uhr), am im 16. Jh. im Renaissancestil errichteten Neuen Schloss, an Orangerie (1844) und Kavalierhaus (heute Moorbad). An Sommer-Wochenenden Parkführungen (15.00 Uhr ab Schlossvorwerk).

SPECIAL

Der Sechsstädtebund

Von Bautzen, Görlitz, Löbau, Zittau, Lauban (heute Luban, Polen) und Kamenz wurde im Mittelalter reger Handel über die Fernstraßen nach Prag und in den Westen getrieben. Zum Schutz gegen Raubritter schlossen sich die sechs Städte 1346 zu einem Schutzbund zusammen. Nach der Anerkennung des Bundes durch Kaiser Karl IV., der als König von Böhmen auch Markgraf der Oberlausitz war, ging es steil bergauf – die Städte wurden reicher und mächtiger gegenüber dem Adel. Die Interessen der katholischen böhmischen Herrschaft waren durch die erfolgreiche Reformationsbewegung in Sachsen empfindlich getroffen. Das gegenreformatorische Strafgericht 1547 (›Pönfall‹) nahm den Städten in der Lausitz etliche Privilegien. Das endgültige Aus kam 1815 auf dem Wiener Kongress, als zwei Drittel der Oberlausitz an Preußen fielen. Inzwischen wurde der Sechs-Städte-Bund mehr unter touristischen und kulturellen Aspekten wieder belebt.

Farbenfroh: Schlesisches Museum in Görlitz

Umgebung: Einen weiteren Landschaftspark gibt es in **Kromlau** (5 km westl. Bad Muskau). Auf 150 ha blühen zwischen alten Eichen, Buchen und fremdländischen Gehölzen Rhododendren, bis zu 30 m hohe Tulpenbäume und Wildastern. Die Rakotzbrücke über den 35 m breiten See bildet einen bizarren Bogen aus Basalt. Die teilw. dampfbetriebene (Museums-) **Waldeisenbahn** verbindet Kromlau mit Bad Muskau (Tel. 03576/207472, www.waldeisenbahn.de).

Nördl. Zentendorf (13 km östl.) liegt die abenteuerliche Spiellandschaft der **Kulturinsel Einsiedel** mit unterirdischen Gängen, Schluchten, Kletterfelsen und Holzspielgeräten (Tel. 035891/4910, www.kulturinsel.de).

ⓘ Touristinformation, Zinzendorfplatz 8, 02906 Niesky, Tel. 03588/25580, Fax 03588/255815, www.niesky.de

GÖRLITZ ⑤

Deutschlands östlichste Stadt (70000 Einw.) ist eine Perle des Jugendstils. Den Altstadtkern bestimmen jedoch Spätgotik, Renaissance und Barock. Im Oberlausitzer Sechsstädtebund war die Stadt führend.

Sehenswert: Vom **Obermarkt** mit Barockhäusern und **Dreifaltigkeitskirche** (14./15. Jh.) mit gotischem Chor und prächtigem barocken Hochaltar (1713) gelangt man durch die Brüderstraße zum Untermarkt. Am dortigen **Rathaus** Freitreppe von Wendel Roskopf d. Ä. (1537) und Justitiasäule (1591), gegenüber das älteste deutsche Renaissance-Haus, der **Schönhof** (1526). Der **›Flüsterbogen‹** ziert das Eingangsportal Untermarkt 22, daneben die ehem. **Ratsapotheke** (1550). Sandsteinreliefs mit Bibelszenen am **›Biblischen Haus‹** (Neißestraße 29). Weiter nördl. die doppeltürmige **Peter-und-Paulskirche** mit spätromanischem Westbau, fünfschiffiger Halle mit Altar (1695) aus Sandstein und Marmor, kunstvollem Orgelprospekt (1703; Mo.–Sa. 10.30–16.00, So 11.45–16.00, Orgelspiel Do. und So. 12.00 Uhr). Vom Fels aus Blick über die Neiße ins polnische Zgorzelec. Weiter westl. die **Nikolaikirche** (15./16. Jh.) mit kunstvollen Gräbern im parkähnlichen Friedhof. Nachbildung des **Heiligen Grabes** (Heilig-Grab-Straße; Mo. bis Sa. 10.00–18.00, So. ab 11.00 Uhr, Führungen tgl. 11.00 und 15.00 Uhr). Im Stadtpark markiert der **Meridianstein** in Form eines Globusses den 15. Längengrad, am Rand die **Jugendstil-Synagoge** (1909 bis 1911). Am Marienplatz original erhaltenes **Jugendstilkaufhaus** von 1912/1913 mit Lichthof und schönen Galerien. Maurisch beeinflusste **Straßburg-Passage** (1908) zwischen Berliner- und Jakobstraße.

Museen: Das **Kulturhistorische Museum** zeigt in einem Barockhaus (Neißestraße 30) Kunst und Kunsthandwerk der Region und Wissenschaftsgeschichte, im Festungsrondell **Kaisertrutz** (1490) die Städtischen Kunstsammlungen und Stadtgeschichte (Demianiplatz 1) und im **Reichenbacher Turm** (Urspr. 14. Jh., Obermarkt) Waffen, Verteidigungsanlagen und Görlitzer Sagen (Di.–Do., Sa. und So 10.00–17.00, Fr. bis 20.00 Uhr). Die Geschichte Schlesiens im **Schlesischen Museum** (bis 2005 im ›Goldenen Baum‹, Untermarkt 4, dann im Schönhof, www.schlesisches-museum.de; Di.–So. 10.00–17.00 Uhr).

Veranstaltungen: Die ganze Stadt ist Theater beim **Internationalen Straßentheaterfestival** Anf. Juni (www.viathea.de), am letzten Aug.-Wochenende blüht die historische Innenstadt beim **Altstadtfest** auf; klassische Musik gibt es beim **Schlesischen Musikfest**, letzte Juni-Woche, mit Konzerten beiderseits der Grenze (www.schlesische-musikfeste.de).

Umgebung: 5 km südw. die 420 m hohe **Landeskrone** mit Ausflugsrestaurant und Aussichtsturm.

ⓘ Görlitzinformation, Obermarkt 29, 02826 Görlitz, Tel. 03581/47570, Fax 03581/475727, www.goerlitz.de

LÖBAU ⑥

1221 erstmals erwähnt und im 14. Jh. durch Tuchproduktion zu Reichtum gelangt, war die Stadt 1346 Gründungssitz des Lausitzer Sechsstädtebundes (heute 17500 Einw.).

Sehenswert: Der Markt wird von barocken und klassizistischen Bürgerhäusern gesäumt. Am Turm des barocken **Rathauses** (1711) klappt in der Uhr die ›Judute‹ alle 15 Min. den Mund auf und zu. Östl. davon die gotische **Johanniskirche**. Für Architekturfreunde 22 Jugendstilgebäude und die Schminke-Villa von Hans Scharoun aus den 1930er-Jahren (Kirschallee 1b, www.haus-schminke.de; Mo. bis Fr. 8.00–17.00, Sa. und So. ab 10.00 Uhr). Auf dem Löbauer Berg (447 m) steht der filigrane, gusseiserne Friedrich-August-Turm (1854) mit herrlichem Rundblick (Mai–Sept. Mo.–Fr. 9.00–20.00, Sa. und So. 9.00–22.00, Okt.–April Mo.–Fr. 10.00–18.00, Sa. und So. 10.00–20.00 Uhr).

Museum: Das **Stadtmuseum** informiert u. a. über die Geschichte des Sechsstädtebundes (Johannisstraße 3; Di.–Fr. 10.00–17.00, Sa. und So. 14.00–17.00 Uhr).

Umgebung: In **Obercunnersdorf** (10 km südl.) stehen einmalig viele (262) von hübschen Gärten umgebene Umgebindehäuser, der typischen Bauweise der Oberlausitz.

Die Brüdergemeinde hat **Herrnhut** (10 km südöstl.; www.herrnhut.de) in aller Welt bekannt gemacht. Der barocke Ort drückt in seiner Schlichtheit das Ideal der evangelischen Gläubigen aus (Heimatmuseum, Comeniusstraße 6; Di.–Fr. 9.00–17.00, Sa. und So. 10.00–12.00 und 13.00–17.00 Uhr). Volkskunst der Indianer und Eskimos, von den Brüder-Missionaren mitgebracht, wird im Völkerkundemuseum ausgestellt (Goethestraße 1; Di.–Fr. 9.00–17.00, Sa. und So. 10.00–12.00 und 13.30–17.00 Uhr). Wechselnde Ausstellungen zeitgenössischer Kunst zeigt der **Kunstbahnhof** (Löbauer Straße 55; Di.–So. 14.00–18.00 Uhr).

ⓘ Löbau-Information, Altmarkt 1,
02708 Löbau, Tel. 03585/450140,
Fax 03585/450141, www.loebau.de

Bautzen 7

Das Zentrum der Sorben in Sachsen wurde 1002 erstmals erwähnt (Stadtrecht 1213, heute 47 000 Einw.). Die Stadt der 17 Türme und Bastionen hat einen über 300 Jahre kaum veränderten Kern mit schönen Bürgerhäusern, die vom einstigen Reichtum der Handelsmetropole zeugen. Die Bautzener Gefängnisse wurden zu DDR-Zeiten zum Inbegriff eines Unrechtssystems.

Sehenswert: Den Fleischmarkt beherrscht der ab 1213 entstandene **Petridom**, seit der Reformation als Simultankirche von beiden großen Konfessionen genutzt (Fleischmarkt; tgl. 10.00–16.00, So. bis 13.00 Uhr). Am Hauptmarkt das barocke **Rathaus** (um 1730), südl. davon der älteste Stadtturm (Lauenturm, 1403), am Ende der barocken Reichenstraße der 55 m hohe ›schiefe Turm von Bautzen‹ (1490, Reichenturm; Aussichtsplattform Mai–Okt. tgl. 10.00–17.00 Uhr).

TOP ZIEL Die **Burgstadt** mit der **Ortenburg** (1483 bis 1486) ist der älteste Stadtteil, hier das **Sorbische Museum** (Ortenburg 3; Mo.–Do. 10.00–16.30, Sa. und So. 12.00–16.15 Uhr). Wer Spezialitäten der sorbischen Küche probieren möchte, wird im Restaurant ›Wjelbik‹ gut bedient (Kornstraße 7, Tel. 03591/42060). Ein Rundgang um die äußere Befestigung der Ortenburg lohnt wegen des Panoramablicks. Zu Füßen der Burg die **Alte Wasserkunst** (1558), ein siebengeschossiges Wasserwerk, das zugleich als Befestigungsanlage diente (Wendischer Kirchhof 7; April bis Okt. tgl. 10.00–17.00, sonst bis 16.00 Uhr).

Ein gewaltiger Bau: Zittaus Rathaus

Museen: Nördl. des Doms das Domstift (1683) mit der **Domschatzkammer** (An der Petrikirche 6; Mo.–Fr. 10.00–12.00 und 13.00 bis 16.00 Uhr). Am Kornmarkt das **Stadtmuseum** mit Exponaten zur Stadtgeschichte, grafischer Sammlung und Gemäldegalerie (Kornmarkt 1; Di., Do., Fr. und So. 10.00 bis 17.00, Mi. bis 19.00, Sa. 13.00–17.00 Uhr). Über die politischen Gefängnisse zu Nazi- und DDR-Zeiten informiert die **Gedenkstätte** (Weigangstraße 8a; Di.–So. 10.00–16.00, Führungen Sa. und So. 13.00 Uhr).

ⓘ Tourist-Information, Hauptmarkt 1,
02625 Bautzen, Tel. 03591/42016,
Fax 03591/534309, www.bautzen.de

Zittau 8

Die Stadt an der Lausitzer Neiße (27 000 Einw.) war reichste Stadt im Sechsstädtebund, daher schon im Mittelalter mit Kultur und Wissenschaft gesegnet. Zahlreiche gut erhaltene Bauten aus Gotik, Renaissance, Barock und Klassizismus.

Sehenswert: Der ›**Zittauer Kulturpfad**‹ führt zu 51 Sehenswürdigkeiten, die auf engstem Raum bequem zu Fuß erreichbar sind. Vom 60 m hohen Turm der **Johanniskirche** (1837 klassizistisch neu erbaut) kann man bis zum Zittauer Gebirge blicken. Markt und Rathausplatz sind durch das Neorenaissance-**Rathaus** (1840–1845) getrennt. Am Markt fallen das barocke **Noacksche Haus** (1689) und die **Stadtapotheke** von 1519 auf, an der Südseite die ›**Fürstenherberge**‹ im Rokokostil (1787). Am Klosterplatz das ehem. Franziskanerkloster mit Resten des Kreuzgangs, zu dem auch der Heffterbau mit spektakulärem Renaissancegiebel (1662) gehört. Der **Grüne Born** (1679) davor ist bedeutendster der kunstvoll gestalteten Brunnen. Entlang der Weberstraße stehen alte Handelshöfe mit schönen Portalen.

Museen: Alle Museen sind Di.–So. 10.00–12.00 und 13.00–17.00 Uhr geöffnet. **Stadtmuseum** mit kulturgeschichtlicher Sammlung und Freilichtmuseum (Klosterstaße 3). Das **Große Zittauer Fastentuch** von 1472 mit 90 Bibelmotiven ist im Museum Kirche zum Heiligen Kreuz ausgestellt (Frauenstraße 23). Das **Museum für Naturkunde** beschäftigt sich mit der Geologie der Oberlausitz (Kirchstraße 13).

Veranstaltungen: Nächtliche **Stadtführungen** im Fackelschein (Info: Tourist-Information). Das **Gerhart-Hauptmann-Theater** (Tel. 03583/770544) genießt einen guten Ruf; im Sommer spielt das Ensemble im Klosterhof.

Umgebung: In **Oberoderwitz** (12 km nordw.) eine **Sommerrodelbahn** über 587 m (Spitzbergstraße 6; tgl. 10.00–18.00, Juli und Aug. bis 22.00 Uhr). Bei **Ostritz** (16 km nordöstl.) das Zisterzienserinnen-**Kloster Marienthal** (1234, barock aufgebaut 1683–1744). Der Klosterkomplex mit Kreuzkapelle, Klosterkirche und Ausstellung ›ora et labora‹ ist bei Führungen zu besichtigen (Mitte April–Okt. tgl. 15.00 Uhr). Besucher sind auch als Übernachtungsgäste gern gesehen; wer vier Std. am Tag mit den Nonnen arbeitet, erhält dafür kostenlose Unterkunft (Klosterstift Marienthal, 02899 Ostritz, Tel. 035823/77300, www.kloster-marienthal.de).

TIPP

Urzoo Kleinwelka

Etwa 6 km nördl. von Bautzen schafft es ein Urzeitfreak, Kinder und Erwachsene immer wieder zu begeistern. Franz Gruß kommt bei seinen lebensgroßen Saurier-Nachbildungen aus Beton ganz ohne Animationsschnickschnack aus. Mehr als 100 Dinos und andere Urtiere sind in Kleinwelka ausgestellt (Friedrich-Gruhl-Straße 1, Tel./Fax 035935/3036; Sommer tgl. 9.00–18.00, Dez. und Jan. bis 15.00 Uhr). Nebenan kann man seinen Orientierungssinn im 51 mal 51 m großen Irrgarten erproben (Mitte März–Okt. tgl. 9.00–18.00 Uhr).

In **Großschönau** (westl.) ist das Damast- und Frottiermuseum mit einer Ausstellung zur Weberei der Region und zur Heimatkunde zu finden (Mai–Okt. Di.–So. 10.00–12.00 und 14.00–17.00 Uhr, sonst kürzer).

Zittauer Gebirge: Mit der Schmalspurbahn (SOEG, Bahnhofstraße 41, 02763 Zittau, Tel. 03583/709318, www.kvg-zittau.de) erreicht man gemütlich das kleinste (50 km²), aber außergewöhnlichste Mittelgebirge Deutschlands. Wer im **Kurort Jonsdorf** aussteigt, kann auf dem Naturlehrpfad durch die ehem. Mühlsteinbrüche wandern oder die Handweberstube besuchen (Schauvorführungen Di., Umgebindehaus Große Seite 4).

ⓘ Tourist-Information, Markt 1 (Rathaus),
02763 Zittau, Tel. 03583/752137,
Fax 03583/752161, www.zittau.de

Im Nussknackerland

Es geschah im Tertiär: Die Erdkruste stellte sich über 140 Kilometer Länge und 60 bis 75 Kilometer Breite schräg. Und das Erzgebirge war entstanden. Auswaschungen und Abtragungen über Millionen von Jahren brachten die Erzlager so weit an die Oberfläche, dass sie bereits im Mittelalter mit relativ einfachen Werkzeugen ausgebeutet werden konnten. Die silbernen Zeiten sind längst Vergangenheit, das Erzgebirge hat andere Einnahmequellen erschlossen: Eine Mischung aus Nussknackern, Wintersport und geschickt präsentierter Vergangenheit füllt heute die Taschen.

Traditionelle Nussknacker aus Seiffen, zu sehen im Nussknackermuseum von Neuhausen.

▼ Die Tulpenkanzel im Freiberger Mariendom

▲ In der Förderanlage des Schachts ›Alte Elisabeth‹ im Freiberger Lehr- und Besucherbergwerk

▲ Am Arbeitsplatz eines Uhrmachers um 1900: Glashütte ist wieder weltbekannt für seine Uhren

▲ Große Bergparade am Freiberger Obermarkt ▼ Frühling im Erzgebirge: Schloss Kuckuckstein

Prächtige Bürgerhäuser mit Rundbogenportalen, der kunstvoll ausgestattete Dom mit seiner großen Silbermann-Orgel, der Tulpenkanzel und der Goldenen Pforte erinnern an den einstigen Reichtum Freibergs. Gediegen, aber nicht protzig wirkt die sanierte Altstadt, die ihr Flair zur Bergparade und besonders im weihnachtlichen Lichterglanz voll entfaltet. Jahrhunderte ließ das Silber des ›freyen Bergs‹ den Wohlstand auch an Hütten und kleinen Häusern nicht gänzlich vorbeigehen. Doch dann löste Gold das Silber als bevorzugte Währungsgrundlage ab, und überdies brachte die weltweite Konkurrenz den Silberpreis ins Rutschen. 1913 wurde zum letzten Mal Silber ans Tageslicht gebracht, 1969 die letzte Schicht gefahren – nach Blei, Zink und Kupfer.

Von den einst 700 Erzgruben ist nur noch ein Besucherbergwerk geblieben. Dort findet man allerdings mehr als nur die 800-jährige Bergbaugeschichte. Wer will, kann sich in der absolut staubfreien Luft des ›Heilstolln‹ im Schacht ›Reiche Zeche‹ mit Hilfe einer Yogalehrerin bei meditativer Musik entspannen. Etwas gemütlicher sind Musik und Schauspiel im ältesten Stadttheater der Welt. ›Die Kunst gehört dem Volke‹ steht über dem Eingang der ›kleinen Semperoper‹, in der einst die Schauspieler des Dresdner Hofes auftraten und die erste Oper des vierzehnjährigen Carl Maria von Weber aufgeführt wurde.

Märchenhaftes Weihnachtsland

Weihnachten und Erzgebirge gehören zusammen. Nicht nur weil die verschneite Landschaft so bezaubernd ist, die Städte sich mit Weihnachtspyramiden und Lichterglanz herausputzen. Sondern weil hier aus religiöser Tradition tatsächlich vom Andreastag am 30. November sechs Wochen lang bis zum 6. Januar Weihnachten ist. Lästermäuler behaupten gar, dass im Erzgebirge die letzten Weihnachtsbäume erst zu Ostern aus den Wohnzimmern kommen.

Räuchermänner, Engel, Reifentiere und Schwibbögen – alles, was mittlerweile rund um die Welt die weihnachtlichen Stuben schmückt, ist im Erzgebirge aber auch Erinnerung an große Not. An den rauen Wintertagen vertrieben sich die Bergleute

▲ *Tiefenbach-Wasserfall bei Altenberg*

▼ *Annaberg-Buchholz: ›Annaberger Kät‹*

◄ Annaberger Annenkirche ▲ Dippoldiswaldes St. Marien und Laurentius

▲ Falkner cuf Lauensteins Brunnen ▼ ›Schöne Tür‹: Annaberger Annenkirche

die Zeit mit Schnitzen. Und als das Silber an Bedeutung verlor und überdies die Vorkommen zur Neige gingen, wurde das Hobby zur wichtigen Erwerbsquelle. Die Motive stammten aus der Erlebniswelt der Erzgebirgler: Bergleute, Wildhüter, Kurrende-Sänger, Spielzeugverkäufer, die mit ihren Bauchläden über die Dörfer zogen – und Engel. Denn einen Schutzengel, der gleichzeitig auch Lichtgestalt war, brauchte man wahrlich unter Tage, wo man stundenlang in nasser Kälte und tiefster Dunkelheit unter ständiger Lebensgefahr seine Arbeit verrichtete. Die Sehnsucht des Bergmannes nach Licht drückt sich auch im Schwibbogen mit seinen vielen Kerzen aus,

SPECIAL

Das Große Bergkgeschrey

Zwar hatte man das erste Silber bereits 1168 beim heutigen Freiberg gefunden. Angelockt von den geschickterweise gewährten ›Freiheiten‹ strömten Zuwanderer nach Osten, um ihr Glück zu machen. Die sächsischen Landesfürsten, Otto der Reiche als Erster, füllten ihre Kassen mit dem Zehnten und den dank des Vorkaufsrechts erzielten Handelsgewinnen, und prächtige Städte entstanden. Doch als Mitte des 15. Jahrhunderts auch der Schneeberg im westlichen Erzgebirge durchwühlt wurde, übertrafen die Funde alles bisher da Gewesene. 1470 verbreitete sich die Kunde vom Silberreichtum des Schneebergs wie ein Lauffeuer. Im Nu wurde aus dem Ort eine Stadt, die über eine Bergsteuer am Gewinn aus den Gruben beteiligt war. 1477 soll Herzog Albrecht die zwei Meter lange und 400 Zentner schwere Silberstufe im Bergwerk ›Alte Fundgrube‹ persönlich besichtigt und darauf fürstlich gespeist haben.

der den Eingang zum Bergwerk symbolisiert. Der flüchtige Besucher auf Einkaufstour im Spielzeugdorf Seiffen wird von dieser tieferen Bedeutung der erzgebirgischen Volkskunst nicht allzu viel mitbekommen. Zu verlockend und vielfältig sind die Auslagen in den Geschäften und Handwerkerstuben, die sich entlang der Hauptstraße aneinander reihen. Und die Schnitzer haben sich der modernen Nachfrage angepasst – der japanische und amerikanische Geschmack wird gesondert bedient.

▲ *Wie entstehen die Tiere? Ein Reifendreher aus Seiffen erklärt es*

▼ *Neuhausen: Auch ein Musketier kann Nussknacker sein*

▲ *Schnitzer in Johanngeorgenstadt* ▼ *Eisenhammer von Dorfchemnitz*

▲ Im Seiffener Nussknackerhaus ▼ Kartoffelernte anno dazumal: Freilichtmuseum Seiffen

Längst kommt der Nussknacker nicht mehr nur als grimmiger Soldat oder Jäger daher, sondern auch als Fußballer oder Weihnachtsmann.

Ski Heil im Bergparadies

Wer glaubte, Deutschlands höchstgelegenem Ort mit der Bezeichnung ›St. Moritz des Ostens‹ einen Gefallen zu tun, der lag daneben. Hier ist nichts edel, aber alles bodenständig. Viele Urlauber nehmen statt der Nobelkarosse immer noch den Zug für die Anreise. Die Tourist-Information preist die Post-Distanzsäule auf dem Marktplatz als Attraktion. Und Oberwiesenthals bekanntester Hotelier, der Olympiasieger im Skispringen von 1994 Jens Weißflog, hat mit Promi-Chi-Chi rein gar nichts im Sinn. Nach Oberwiesenthal kommt man, um eine der zehn Skipisten hinunterzuwedeln oder sich in der Loipe abzuarbeiten. Wer will, kann hier bis nach Schöneck im Vogtland wandern – im Winter mit den Bretteln unter den Füßen, im Sommer auf Schusters Rappen. Er kann auch bei Flutlicht seine Abfahrten machen, Snowboarden, Schlittenhunderennen fahren oder als Clown verkleidet beim Skifasching talwärts sausen. Sicher ist nur, dass es auf dem 1214 Meter hohen Fichtelberg winters zuverlässig Schnee gibt und sommers ebenso zuverlässig Sonne. Größere Aufregungen sollte man hier nicht erwarten ...

Stolze Städte mit Tradition

Annaberg-Buchholz machte lange Zeit nach der Wende einmal im Jahr Schlagzeilen – mit den höchsten Arbeitslosenzahlen der Republik. Dabei war die Stadt einst reich und stolz, hatte einen Bürgermeister, der Rechenkünstler war, und die größte gotische Hallenkirche Sachsens. Die Kirche St. Annen ist wieder prächtig herausgeputzt mit ihrem beeindruckenden Sterngewölbe und dem Bergaltar, der den ahnungslosen Besucher mit der Welt der Bergleute vertraut macht. Noch intensiver ist die Begegnung mit dieser Welt gleich gegenüber im Erzgebirgsmuseum. Engagierte Führer ›fahren‹ mit ihren Gästen ins Besucherbergwerk ›Im Gößner‹ ein – obwohl es per pedes über Stahltreppen in 24 Meter Tiefe geht. Doch das heißt nun mal so. Und man

▲ *Sportlicher Anfang in Oberwiesenthal*

▼ *Der Gesundheit zuliebe: Schlema*

▲ *Verschnaufen am Fichtelberghaus*

▶ *Oberwiesenthal: zum Fichtelberg*

▼ *Biathlon, …* ▶ *… Viererbob*

lernt viel bei dieser Tour. Nicht nur, dass der Ausdruck ›sich verhaspeln‹ seinen Ursprung unter Tage hatte und nichts anderes meinte, als dass die beiden Männer, die das bergmännische Aufzugssystem mit Namen ›Haspel‹ manuell betrieben, aus dem Takt geraten waren. Wie karg der Lohn eines Bergarbeiters mit neun Groschen pro Woche war, wird deutlich, wenn man bedenkt, dass eine Hose allein sechs und ein Hemd noch einmal vier Groschen kosteten. Mit

SPECIAL

Schweres Erbe Wismut

Der Name eines Halbmetallelementes, das früher in Salben und zur Bekämpfung der Syphilis eingesetzt wurde, steht heute für ein fragwürdiges Unternehmen. Die sächsisch-thüringischen Uranerzgebiete wurden nach dem Zweiten Weltkrieg von der sowjetischen Besatzungsmacht okkupiert. Unter strengster Geheimhaltung und ohne Schutzmaßnahmen für die Bergleute wurde dort der Rohstoff für die Atombombe gewonnen. Die ›Sowjetisch-Deutsche Aktiengesellschaft Wismut‹ verwöhnte ihre Kumpel in der Region um Aue, Schlema, Schwarzenberg und Johanngeorgenstadt mit hohen Löhnen, Einkaufsprivilegien und einer Sonderration Schnaps (›Kumpeltod‹). Aber sie verschwieg auch die gesundheitlichen Folgen der Strahlenbelastung und die Vergiftung der Umwelt durch Halden und Abwässer. 7000 Wismut-Kumpel starben nach offiziellen Angaben an Lungenkrebs. 500 Millionen Tonnen radioaktive Abfälle und fast 400 Quadratkilometer verstrahlte Flächen blieben zurück, als 1990 der Uranabbau eingestellt wurde. Für die Sanierung der Wismut-Hinterlassenschaft müssen die deutschen Steuerzahler ungefähr 3,5 Milliarden Euro aufbringen.

eingezogenem Kopf geht es durch enge, niedrige Schächte. Stundenlang haben sie da von abenteuerlichen Leiterkonstruktionen aus oder am Boden hockend in der feuchtkalten Luft die Wände behauen.

Auffallend ruhig sind die Besucher am Ende, wenn es endlich wieder ans Licht geht. Warum man sich im Erzgebirge mit ›Glück auf‹ grüßt und wie man dort unten das Beten lernte, danach muss nun keiner mehr fragen.

CHEMNITZ
FREIBERG
Brand-Erbisdorf
Oederan
Flöha
Frankenberg
Augustusburg
Zschopau
Marienberg
Olbernhau
Seiffen
Annaberg-Buchholz
Oberwiesenthal
Aue
Schwarzenberg
Schneeberg
Stollberg
Zwönitz
Lößnitz
Geyer
Ehrenfriedersdorf
Thum
Hohenstein-Ernstthal
Limbach-Oberfrohna
GLAUCHAU
Burgstädt
Penig
Lunzenau
Dippoldiswalde
Altenberg
Glashütte
Frauenstein
Sayda
Pockau
Lengefeld
Wolkenstein
Oelsnitz
Lugau
Lichtenstein
Thalheim
Johanngeorgenstadt
Eibenstock
Bärenstein
Jöhstadt
Schlettau
Elterlein
Grünhain
Lauter
Schlema
LITVÍNOV
MOST
CHOMUTOV
Jirkov
Osek
Duchcov
Bílina
Kláštrec
Vejprty
Boží Dar
Klínovec
Fichtelberg
Naturpark Erzgebirge/Vogtland
Deutsche Alleenstraße
Silberstraße
Maßstab 1:300.000
0
5 km

Infos

Funde aus aller Welt sind in den Mineralogischen Sammlungen der Freiberger Bergakademie zu sehen

Freiberg ①

Mit über 800 Jahren älteste Bergstadt Sachsens (heute 50 000 Einw.). Nach ersten Silberfunden 1168 im damaligen Christiansdorf entstand 1171 im Jakobsviertel die erste Bergmannssiedlung. An einstigen Reichtum erinnern heute noch etwa 400 reich verzierte Bürgerhäuser aus dem 16. und 17. Jh. 1765 wurde die Bergakademie als erste montanwissenschaftliche Universität der Welt gegründet; sie hatte Schüler wie Alexander von Humboldt, Theodor Körner und Novalis.

Sehenswert: Am Obermarkt erstreckt sich breit das urspr. gotische **Rathaus** (ab 1410, zuletzt 1920 umgebaut; 11.15 und 16.15 Uhr Porzellanglockenspiel mit dem ›Steigerlied‹). Stadtgründer Otto der Reiche, Markgraf von Meißen, ist auf dem **Löwenbrunnen** (1897) verewigt. Die nahe **Petrikirche** (15. Jh., Silbermannorgel) ist zwar höchstes Bauwerk, bedeutender ist aber der spätgotische **Dom St. Marien** am Untermarkt (1484–1512; Führungen Mai–Okt. tgl. 10.00–16.00, sonst kürzer, So. 11.30 Uhr mit Orgelspiel; Tel. 03731/22598, www.freiberger-dom.de) mit der berühmten ›Goldenen Pforte‹ aus Sandstein (etwa 1230) an der Südseite. Im Inneren bemerkenswert u. a. die filigrane ›Tulpenkanzel‹ (1510), die üppig dekorierte ›Bergmannskanzel‹ (1638) – und die größte und älteste Silbermannorgel (1714).

Museen: Neben dem Dom das **Stadt- und Bergbaumuseum** (Am Dom 1; Di.–So. 10.00 bis 17.00 Uhr). Die **Mineralogischen Sammlungen der Bergakademie** zeigen Gesteine aus aller Welt (Brennhausgasse 14; Mi.–Fr. 9.00–12.00 und 13.00–16.00, Sa. 9.00 bis 16.00 Uhr). Untertage-Führungen im **Silberbergwerk ›Reiche Zeche‹** (2 Std.; tgl. 9.30 und 11.00, Mai–Sept. Sa. 8.00, 11.00 und 14.00 Uhr), Übertage am **›Schacht Elisabeth‹** (1 Std.; Mai–Sept. tgl. 13.00, Sa. 10.00 und 14.00, So. 11.00 Uhr; Anmeldungen bei Tourist-Information oder Tel. 03731/394571).

Veranstaltungen: Bergstadtfest am letzten Juni-Wochenende mit Bergparade. Am 2. Adventssamstag ziehen die Mitglieder der Freiberger Berg- und Hüttenknappschaft in ihren Uniformen durch die Stadt zur Mettenschicht.

Umgebung: Im Stadtpark **Oederans** (14 km südw.) zeigt das **›Kleine Erzgebirge‹** eine Miniatur-Übersicht über die Sehenswürdigkeiten der Region (Mai–Okt. tgl. 8.00 bis 18.00 Uhr). Richtung Dresden wird nach ca. 25 km der **Tharandter Wald** (6000 ha, www.tharandt-wald.de) erreicht mit 250 km Wander-, Rad- und Reitwegen; Naturlehrpfad und Bergbaulehrpfad mit begehbarer Grube ›Aurora Erbstolln‹. Im **Forstbotanischen Garten** der TU Dresden (1811 gegründet) wachsen auf 18 ha über 2000 Gehölze und Sträucher (April–Okt. Sa.–Do. 8.00 bis 17.00 Uhr).

In **Kleinbobritzsch** (21 km südöstl.) wurde der Orgelbauer Gottfried Silbermann (1683 bis 1753) geboren; im **Frauensteiner** Schloss (16. Jh.) ist das Silbermann- Museum untergebracht, mit Originaldokumenten und Instrumenten (Mai–Okt. tgl. 9.00–17.00 Uhr, sonst kürzer). Der wasserbetriebene Eisenhammer von **Dorfchemnitz** (23 km südöstl.) arbeitete einst Schmiedearbeiten für die Freiberger Gruben (Di.–Sa. 9.00–11.00 und 13.00, Mai–Okt. So. 13.00–16.00 Uhr).

ⓘ Fremdenverkehrsamt, Obermarkt 24, 09599 Freiberg, Tel. 03731/273265-66, Fax 03731/273260, www.freiberg.de

TIPP

Schnitzen und Klöppeln

Wer selber einmal Hand anlegen möchte, um es den Spielzeugmachern nachzutun, kann in Marienberg, Seiffen oder Olbernhau nachfragen. Die Palette reicht von Schnupperkursen bis zu regelrechten Lehrgängen im Schnitzen und Drechseln (Verband Erzgebirgischer Kunsthandwerker und Spielzeughersteller, Postfach 1208, 09522 Olbernhau, Tel. 037360/72442, www.erzgebirge.org). Wer es filigraner mag, kann sich in der Klöppelschule ›Barbara Uthmann‹ an Brüsseler oder Mailänder Spitze versuchen (Buchholzer Straße 2, 09456 Annaberg-Buchholz, Tel. 03733/425258).

Dippoldiswalde ②

Die Bergstadt (6000 Einw.) war urspr. Zentrum der Gerber.

Sehenswert: Das **Stadt- und Kreismuseum** zeigt eine rekonstruierte **Lohgerber-Werkstatt** (Freiberger Straße 18; Mo.–Fr. 10.00 bis 12.00 und 13.00–17.00, Sa. und So. 13.00 bis 17.00 Uhr). Interessant sind auch die turmlose Kirche **St. Nikolai** (um 1230) mit vergoldetem Flügelaltar (1520) und Fresken, die spätgotische Stadtkirche **St. Marien und Laurentius** und der Markt mit **Renaissance-Rathaus**.

Umgebung: Die **Talsperre Malter** (1903–1913) staut die Rote Weißeritz mit einer 193 m langen und 34 m hohen Staumauer. An ihren Ufern gibt es Gaststätten und Badeplätze. In **Kipsdorf** (15 km südl.) endet die 1883 eingerichtete **Weißeritztalbahn**, eine Schmalspurbahn, die von Freital-Hainsberg aus durch das Osterzgebirge dampft (Tel. 0351/8526529, www. weisseritztalbahn.de). **Glashütte** (11 km südöstl.) ist als Uhrmacherstadt weltbekannt; hier hatte Ferdinand Adolf Lange 1845 Deutschlands erste Uhrenfabrik gegründet. Neben modernen Schauräumen gibt es wertvolle Chronometer im Uhrenmuseum zu sehen (Emil-Lange-Straße, Uhrmacherschule; Di.–Fr. 10.00–12.00 und 13.00–17.00, Sa. und So. 10.00–16.30 Uhr); außerdem Führungen durch das Manufakturgebäude. Über Liebstadt (12 km weiter östl.) thront seit dem 10. Jh. die massige Burg **Schloss Kuckuckstein** mit Heimatmuseum und neugotischem Rittersaal (Mi.–So. 9.30 bis 11.30 und 13.30–16.00 Uhr; Schlosscafé).

ⓘ Fremdenverkehrsgemeinschaft Östliches Erzgebirge, Hospitalstraße 11, 01744 Dippoldiswalde, Tel. 03504/614877, Fax 03504/614878, www.ost-erzgebirge.de

Altenberg ③

Als 1440 ein Erzstock entdeckt wurde, begann der Aufstieg zur Stadt und zum Sitz des kurfürstlichen Bergamtes (1502); bis 1991 wurde Zinnerz abgebaut. Wahrzeichen der Stadt ist die ›Pinge‹, ein 2 ha großer, über 100 m tiefer Bergsturzkrater. Heute ist die Stadt (6000 Einw.) beliebter Wintersportort, bekannt durch die 1413 m lange Kunsteisstrecke, auf der deutsche Rodel- und Bob-Meisterschaften ausgetragen werden.

Sehenswert: Über die Bergbaugeschichte informieren Führungen durch **Bergbaumuseum** und Schaustollen (Mühlenstraße 2; Mo.–Do. 13.00–16.00, Sa. und So. 10.00–12.00 und 13.00–16.00 Uhr) sowie das **Besucherbergwerk ›Vereinigt Zwitterfeld zu Zinnwald‹** (Goetheweg 8, www.besucherbergwerk-zinnwald.de; Di.–So. 10.00–15.00 Uhr).

Umgebung: In **Zinnwald-Georgenfeld** (4 km südl.) kann man über einen Knüppeldamm das Hochmoor begehen, ein Naturschutzgebiet, in dem u. a. wilde Orchideen und Wollgras wachsen. Auf einem Felssporn (7 km östl.) über dem Müglitztal das Renaissance-**Schloss Lauenstein** (Urspr. 13./14. Jh., Stuckdecken und Wappensaal); über Landschaft und Jagd im östl. Erzgebirge informiert das Museum (Di.–Fr. 10.00–12.00 und 13.00 bis 16.30, Sa. und So. 13.00–16.30 Uhr).

ⓘ Tourist-Information, Platz des Bergmanns 2, Tel. 035056/33341, Fax 035056/33366, www. altenberg.de

SEIFFEN ④

Das Auswaschen der Zinnkörner (Seifen) aus dem Verwitterungsschutt der Täler gab der ›Hauptstadt‹ der erzgebirgischen Spielzeugmacher ihren Namen. Nach dem Niedergang des Bergbaus im 18. Jh. machten immer mehr Bergleute ihre Freizeitbeschäftigung zum Beruf.

Sehenswert: Wie die Spanbäumchen, Räuchermänner und Engel entstehen, kann man in den Schauwerkstätten des **Erzgebirgischen Freilichtmuseums** beobachten; in elf Gebäudekomplexen werden die Wohn- und Lebensverhältnisse der Bergleute und Spielzeugmacher dargestellt (Hauptstraße 203; tgl. 9.00–17.00 Uhr, Nov.–März je nach Witterung). Entlang der Hauptstraße reihen sich die Werkstätten und Läden für erzgebirgische Volkskunst, die auch im **Spielzeugmuseum** zu betrachten sind (Hauptstraße 73; tgl. 9.00–17.00 Uhr). Ein Blick in die achteckige **Barockkirche** (1776–1779), offenbart die Vorlage für die hölzernen ›Seiffener Spinnen‹: ein Glashängeleuchter aus dem 17. Jh.

Umgebung: Das einzige **Nussknackermuseum** des Erzgebirges ist 4 km nördl. in **Neuhausen** zu finden; 21 000 Exemplare sind dort versammelt (Bahnhofstraße 20; Mo.–Fr. 9.00 bis 18.00, Sa. und So. bis 17.00 Uhr). Im Amtsgebäude (um 1750) des **Schlosses Purschenstein** (Urspr. 13. Jh, 1989 restauriert) weist ein Glashüttenmuseum mit Schauwerkstatt darauf hin, dass im Erzgebirge nicht nur geschnitzt wurde (Freiberger Straße 10; Mi. bis So. 10.00–12.00 und 13.00–17.00 Uhr).

Olbernhau (13 km westl.) steht im Schatten Seiffens; eindrucksvoll ist der Denkmalskomplex Saigerhütte, das einzige erhaltene Gebäudeensemble der Buntmetallurgie in Europa. Hinter einer Wehrmauer gruppieren sich 22 Gebäude, darunter ein funktionstüchtiger Hammer. Ab 1537 wurde hier aus Rohkupfer Silber gewonnen (In der Hütte 10; Mai–Sept. 9.30–11.30 und 13.00–17.30, sonst bis 16.00 Uhr). Für Kinder gibt es um

Mit Volldampf durch die Winterlandschaft: die Fichtelbergbahn bei Unterwiesenthal

die Ecke das ›Spielzeugland Stockhausen‹, wo unter Aufsicht und Anleitung in einer Holzburg getobt, gebastelt, Theater gespielt werden kann (In der Hütte 8, Tel. 037360/79950, www.stockhausen-spielzeugland.de).

ⓘ Tourist-Information, Hauptstraße 156, 09548 Seiffen, Tel. 037362/8438, Fax 037362/76715, www.seiffen.de

MARIENBERG ⑤

Auf dem beeindruckenden Marktplatz der Kreisstadt (11 000 Einw.) wird im Advent einer der schönsten Weihnachtsmärkte Sachsens aufgebaut. Der 1521 geschaffene Grundriss entspricht den Vorstellungen von einer Idealstadt der Renaissance, mit rechtwinkligem Straßennetz und quadratischen Quartieren.

Sehenswert: Das **Zschopauer Tor** (1545) ist als einziges Stadttor erhalten geblieben und heute Heimatmuseum. Die spätgotische Stadtkirche **St. Marien** (bis 1564) hat nach dem verheerenden Stadtbrand von 1610 Renaissanceportale an den Chorwänden erhalten, ein Kreuzgewölbe und eine reich verzierte Sandsteinkanzel.

Umgebung: **Schloss Wolkenstein** (Urspr. 13. Jh.; 8 km westl.) im Oberen Zschopautal beherbergt im spätgotischen Südflügel ein Museum, das über Zünfte, Gewerbe und erzgebirgische Traditionen informiert (Di.–Fr. 9.00–16.00, Sa. und So. bis 17.00 Uhr). In **Scharfenstein** (12 km nordw.) bietet die über

Klöppeleien im Marienberger Heimatmuseum

800 Jahre alte Burg eine umfassende Spielzeugausstellung und ein gutes Museum zur Burggeschichte und Karl Stülpner, einen erzgebirgischen Robin Hood; man kann beim Klöppeln und Handweben zusehen, selbst basteln oder sein Geld für sächsische Spezialitäten im ›Stülpnermarkt‹ oder in der Erzgebirgsstube lassen (Schlossberg 1, www. burgscharfenstein.de; April–Okt. tgl. 9.00 bis 18.00, sonst 10.00–17.00 Uhr).

ⓘ Fremdenverkehrsamt, Am Frischen Brunnen 1, 09496 Marienberg, Tel. 03735/90514, Fax 03735/90565, www.marienberg-sachsen.de

EHRENFRIEDERSDORF ⑥

Im Winter ist die Kleinstadt (5600 Einw.) mit ihren Abfahrten, 50 km Loipen, Eislaufen auf dem 23 ha großen Greifenbach-Stauweiher ein ›Paradies‹ für Wintersportler.

Sehenswert: Im Sommer kann im **Besucherbergwerk ›Zinngrube‹** mit Schlägel und Eisen hantiert werden (Am Sauberg 1; Di.–Sa. 9.00 und 13.00 Uhr). Nebenan befindet sich ein **Mineralogisches Museum** (Di.–So. 10.00 bis 16.00 Uhr).

Umgebung: Die Volkssternwarte und das Planetarium in **Drebach** (nördl.) warten mit interessanten, gut verständlichen Vorträgen über Sterne, Planeten und Außerirdische auf (Anmeldung Tel. 037341/7435, www.sternwarte-drebach.de); auf dem Planetenwanderweg schreitet man Richtung Ehrenfriedersdorf maßstabsgetreu die Milchstraße ab.

Die **Greifensteine** (5 km westl.) sind Reste eines Granitmassivs; auf den höchsten (731 m) gelangt man über eine Treppe. Sie sind als Kulisse für das Naturtheater bestens geeignet, das im Sommer Robin Hood, Winnetou oder Pippi Langstrumpf eine Bühne bietet (Tourismusgemeinschaft, Greifensteinstraße 44, 09427 Ehrenfriedersdorf, Tel. 037346/6870, www.greifensteine-erzgebirge.de).

Die Papiermühle (1568 erwähnt) in **Zwönitz** (16 km westl.) wurde bis Mitte des 19. Jh. zur Herstellung von Büttenpapier genutzt; der Papiermüller zeigt, wie das geht. Im angrenzenden Museum Ausstellung zur Handwerks-

und Industriegeschichte der Stadt (Köhlerberg 1; Mi.–Sa. 10.00–12.00 und 13.00 bis 17.00, So. 12.00–17.00 Uhr).

ⓘ Tourist-Information, Max-Wenzel-Straße 1, 09427 Ehrenfriedersdorf, Tel./Fax 037341/3060, www.silberland-greifensteine.de

Annaberg-Buchholz ⑦

Die heutige Kreisstadt (23000 Einw.) war 1496 gegründet worden, nachdem auch hier Silber gefunden worden war. Die historische Altstadt mit rund 800 geschützten Bauten erinnert an die Blütezeit der Bergherren und Kaufleute.

Sehenswert: In **St. Annen** (1499–1525) steht der Bergaltar von Hans Hesse, der die Silbererzgewinnung im 15./16. Jh. und die Sage der Stadtgründung darstellt und u. a. ein beeindruckendes Gewölbe (Mo.–Fr. 10.00–16.00, Sa. 10.00–12.00 und 14.00–16.00, So. 14.00 bis 16.00 Uhr).

Museen: Schräg gegenüber informiert das **Erzgebirgsmuseum** über Bergbau, Handwerk und Volkskunst (Klöppelarbeiten, Schnitzerei); im Innenhof ist der Einstieg zur Gößnerzeche, einem Besucherbergwerk, in dem engagierte Führer schier alles über die Förderung von Silbererz wissen (Große Kirchgasse 16; Di.–So. 10.00–17.00 Uhr). Das **Adam-Ries-Haus** bietet nicht nur eine Ausstellung über Leben und Wirken des Rechenmeisters; hier kann man selbst seinen ›Meister auf dem Abakus‹ machen (Johannisgasse 23; Di.–So. 10.00–17.00 Uhr).

Veranstaltungen: Zwei Wochen nach Pfingsten beginnt die ›**Annaberger Kät**‹ (vom mundartl. ›Drafaldschkät‹ für Dreifaltigkeit), das größte Volksfest im Erzgebirge (seit 1869).

Umgebung: In **Frohnau** (2 km nordw.) steht der ›Frohnauer Hammer‹, eine original erhaltene Mühle von 1436 mit wasserbetriebenen Schwanzhämmern zur Bearbeitung von Silber und Kupfer, zeitweise auch zum Münzprägen eingesetzt (Sehmatalstraße 3; Führungen tgl. 9.00–11.45 und 13.00–16.00 Uhr).

ⓘ Tourist-Information, Markt 1, 09456 Annaberg-Buchholz, Tel. 03733/425139, Fax 03733/425138, www.annaberg-buchholz.de

Oberwiesenthal ⑧

Das Wintersportzentrum (1527 gegründet), auch Kurort, liegt am Fichtelberg (1214 m) und am Keilberg (Klinovec, 1244 m).

Sehenswert: Im **Ski- und Heimatmuseum** u. a. Erläuterungen zur Entwicklung des Wintersports und Herstellung von Ski (Karlsbader Straße 3; Di.–Fr. 14.00–17.00, Sa. und So. 10.00–12.00 und 14.00–17.00 Uhr).

Aktivitäten: Im Sommer geführte Wanderungen und Radwanderungen; erster grenzüberschreitender **Rundwanderweg** (Anton-Günther-Weg, 65 km). **Sommerrodelbahn** an der Talstation der Fichtelberg-Schwebebahn (tgl. ab 10.00 Uhr), **Hochseilgarten** für Kletterfreunde (Anmeldung Tel. 037348/140, www.hochseilgarten-oberwiesenthal.de). Im Winter alle Arten von **Wintersport**, Fichtelbergschanze (Gesamtlänge 380 m), Langlaufstadion und Biathlonanlagen. Die dampfgetriebene Schmalspur-**Fichtelbergbahn** verkehrt seit 1896 zwischen Cranzahl und Oberwiesenthal (2-Std.-Takt; BVO Bahn, Tourist-Information Tel. 037348/1510, www.bvo.de).

ⓘ Tourist-Information, Bahnhofstraße 7, 09484 Kurort Oberwiesenthal, Tel. 037348/1280, Fax 037348/12857, www.oberwiesenthal.de

TIPP

Es weihnachtet sehr ...

Wer in der Adventszeit in Sachsen und speziell im Erzgebirge unterwegs ist, sollte sich die Weihnachtsmärkte nicht entgehen lassen. Stimmungsvoller lässt sich erzgebirgische Volkskunst nicht erstehen. Dazu kommen Veranstaltungen wie das ›Lichtelfest‹ am 2. Advent in Schneeberg oder die große Bergparade zum Abschluss des Annaberg-Buchholzer Marktes. Natürlich sind sie auch in den großen Städten wie Dresden (›Striezelmarkt‹) und Leipzig zu finden.

Weihnachtsmarkt in Schwarzenberg

Schwarzenberg ⑨

Die ›Perle des Erzgebirges‹ (20000 Einw.) entstand im 12. Jh. an einer Bergspornburg. Vorbei führte eine wichtige Passstraße nach Böhmen.

Sehenswert: Die **Georgenkirche** (1690–1699) hat eine mit reichen Schnitzereien versehene hölzerne Decke, die über dem gesamten Kirchenraum ›schwebt‹. Aus dem **Glockenturm** zwischen Oberer und Unterer Schloßstraße klingt ein Glockenspiel aus Meißner Porzellan (9.00, 11.00, 14.00 und 17.00 Uhr). Das **Schloss** (15. und 16. Jh.) nebenan ist **Stadtmuseum** mit Ausstellungen zum Eisenerzbergbau und Klöppelhandwerk (Obere Schloßstraße 36; Di.–So. 10.30–16.30 Uhr).

Umgebung: In **Johanngeorgenstadt** (17 km südl.) wurde 1993 der zeltförmige Pferdegöpel wieder aufgebaut; zwei Pferde zogen über Seile Erz und Gestein aus dem 140 m tiefen Schacht (Schwefelwerkstraße; stdl. Führungen Di.–So. 10.00–16.00 Uhr). Mit der Bergstadt **Aue** (10 km nordw.) verbinden sich ehem. wirtschaftliche Blüte und Uranerzbergbau (s. Special S. 65); in **Schlema** (3 km weiter) ist die Wismut-Zeit im Kulturhaus ›Aktivist‹ dokumentiert (Bergstraße 22; Di.–Fr. 9.00 bis 17.00, Sa. und So 10.00–16.00 Uhr).

ⓘ Tourist-Information, Oberes Tor 5, 08340 Schwarzenberg, Tel./Fax 03774/22540, www.schwarzenberg.de

Schneeberg ⑩

Die Kunde von Silberfunden auf dem Schneeberg im Westerzgebirge verbreitete sich 1470 so schnell, dass der gleichnamige Ort (heute 18500 Einw.) bereits 1481 Stadtrecht erhielt. Den barocken Charme verdankt er dem Wiederaufbau nach dem Brand 1719 und ist in der Adventszeit Inbegriff von Weihnachtsstimmung.

Sehenswert: In **St. Wolfgang** (1515–1540), der zweitgrößten gotischen Hallenkirche im Erzgebirge, ein kostbarer 12-teiliger Flügelaltar (1539) aus der Cranach-Werkstatt (Kirchplatz 12; April–Sept. Mo.–Sa. 10.00–12.00 und 14.00–17.00, So. 14.00–17.00 Uhr, sonst kürzer). Am Markt ist das neugotische **Rathaus** (1851 und 1911) dominierend, über dem Haupteingang das Sandsteinrelief ›Fündigwerdung Schneebergs‹. Das **Museum für bergmännische Volkskunst** (Bortenreuther-Haus) beeindruckt nicht nur mit barocker Fassade, sondern auch mit detailgetreuen Schachtanlagen-Modellen, Weihnachtsbergen, filigranen Schnitzereien und Klöppelarbeiten (Obere Zobelgasse 1; Di.–Do., Sa. und So. 9.30–17.00, Fr. 13.00–17.00 Uhr).

Veranstaltungen: Der **Bergstreittag** (22. Juli) erinnert an einen Streik der Schneeberger Knappen 1496 (Musik, Märkte, große Bergparade).

ⓘ Tourist-Information, Markt 1, 08289 Schneeberg, Tel. 03772/20314, Fax 03772/22347, www.schneeberg.de

Einst Sachsens Werkbank

Das liebliche Vogtland und die Industriezentren Westsachsens trennten früher Welten. Hier das grüne Land der Vögte mit verträumten Städtchen in hügeliger Landschaft, Ursprung zartester Spitzen. Dort die verrußten Metropolen der Textil-, Eisen- und Autoindustrie. Die Industrie hat sich zurückgezogen; und was übrig blieb, ist sauberer geworden. Jetzt ist der Blick frei auf das kulturelle Erbe, landschaftliche Reize und einen Erneuerungswillen, der besonders in der Metropole Chemnitz zum Ausdruck kommt.

Technische Spitzenleistungen in Chemnitz' Industriemuseum: Pullman-Horch und Drehstrom-Generator.

▲ *Die Galerie Roter Turm verbindet Chemnitz' ältestes Bauwerk mit neuester Architektur*

▼ *Bläst an höchster Stelle: Türmer auf dem Hohen Turm*

▲ ›Freischütz‹ mit Freisitz: Chemnitz' Oper ist bekannt für ihre modernen Inszenierungen

▲ Wer hart arbeitet, möchte auch gut leben: ... ▼ ... Chemnitz schätzt seine Restaurants

Eines Tages war der Picasso weg. Eines von mehreren Gemälden, die künstlerisch begabte Chemnitzer kopiert und an einem Bauzaun in der Innenstadt ausgestellt hatten. Zu Hunderttausenden kamen die Kunstliebhaber aus aller Welt nach Chemnitz, um die Ausstellung ›Picasso und die Frauen‹ zu sehen. Neidische Kommentare konnte man in westdeutschen Feuilletons lesen, die Ausstellungsmacher hätten den Zuschlag nur bekommen, weil sie die ostdeutsche Karte ausgespielt hätten – ein beliebter Vorwurf an die Erfolgreichen, die mit ›Fischelanz‹, der sächsischen Variante der Pfiffigkeit, ans Ziel gelangen.

Wer sich schon beim Sprechen so wenig Zeit nimmt, dass aus Chemnitz ›Chems‹ wird, der verläppert sich nicht in Befindlichkeiten. Auch dem Konsum gegenüber zeigt man sich aufgeschlossen; waren gleich nach der Wende die Einkaufszentren noch schamhaft auf der grünen Wiese versteckt worden, so holte man sie zum 21. Jahrhundert auf Druck der Innenstadthändler zurück ins Zentrum. Und nach dem Gläsernen Kaufhaus und der Galerie Roter Turm wird mit den Büros und Boutiquen der ›Mittelstandsmeile‹ die letzte größere Baulücke im Kern der Altstadt geschlossen.

Stadt mit Köpfchen

Chemnitz sei immer eine moderne Stadt gewesen, sagen die Chemnitzer – das zeige die Vergangenheit: Das Gesamtkunstwerk der Jugendstilvilla Esche etwa, der Kaßberg, wo sich die Fabrikanten gegenseitig zu übertrumpfen suchten, die expressionistische Überraschung beim Kaufhaus Schocken oder die rot geklinkerten industriellen Erinnerungen aus den 1920er-Jahren des ›sächsischen Manchester‹, die mit frischer Fassade und neuem Innenleben im Hier und Jetzt ihren Platz als Museen oder Spielstätten gefunden haben, zeigen das. Und wieder sind international renommierte Architekten gerade gut genug für die Gestaltung der aktuellen Vorhaben.

Chemnitz ist eben eine Stadt mit Köpfchen. Wen interessiert da noch der Riesenkopf des Mannes, der zwischenzeitlich den Namen der Stadt verhunzt hatte, obwohl

▲ *Ein Jagdschloss von imposanten Ausmaßen: Schloss Augustusburg über dem Zschopautal*

▼ *Familientag auf dem Sachsenring*

▲ *Zwei attraktive Aspekte von Chemnitz: ›Steinerner Wald‹ und Opernhaus*

▼ *Zu den Schätzchen im Motorradmuseum ...* ▲ *... fährt die Standseilbahn von Erdmannsdorf*

er selber nie dort war? ›D'r Nischl‹ von Karl Marx tut noch seinen Dienst als Souvenir oder Schokoladenhappen – aber seinen Symbolgehalt für Chemnitz hat er längst verloren.

Kfz und Kultur

Die Zeiten, in denen man an Zwickau stets in froher Erwartung dachte, sind vorbei, seit der letzte Trabant vom Band rollte. Man muss gewaltig strampeln, um die versierten Kfz-Mechaniker in Lohn und Brot zu halten. Bei VW Mosel geht das noch und in einer Zulieferindustrie, die ihren Platz behaupten kann. Dass nicht weit entfernt, auf dem Sachsenring, wieder Motorradweltmeisterschaften ausgetragen werden, stimmt ebenfalls optimistisch. Doch

SPECIAL

Sachsen in Bewegung

Zwickau, die einstige Tuchmacherstadt, ist lange gut gefahren mit seinen Automobilen – wenn auch der Ruhm, die erste ›Kutsche ohne Pferde‹ zu bauen, leider Mannheim beanspruchen kann. Dem Sachsen Louis Tuchscherer fehlte nach der Jungfernfahrt 1880 das Geld für die Weiterentwicklung. 1909 schon hatte August Horch die Basis für die spätere Auto Union aus Horch, Audi, Wanderer und DKW gelegt. Auch die Demontagen der Nachkriegszeit überstand man dank der robusten und (fast) rostfreien Trabanten mit der ungewöhnlichen Duroplast-Außenhaut, die es bis 1991 auf immerhin drei Millionen Exemplare gebracht haben – inklusive ›Last Edition‹. Und mit etwas Großzügigkeit lässt sich das VW-Werk im nahen Mosel in dieser Tradition sehen.

auch in den Zentren der Motorindustrie ist längst der Dienstleistungsbereich zum Hauptarbeitgeber geworden. Und wirtschaftliches Wachstum, das hat man begriffen, ist nur in einem attraktiven Umfeld zu erreichen. So hat man sich daran gemacht, die Industriebrachen zu beseitigen, 100 Hektar Mischwald neu zu pflanzen und Zwickaus geschichtsträchtige Innenstadt kräftig aufzupolieren. Mittelalterliches Handwerk, Renaissancebauten und die Erinnerungen an einen der größten Komponisten der Romantik sind die

▲ Mit 1000-jähriger Vergangenheit: Burg Mylau

▼ Im Quellhaus: Bad Elsters heilende Wasser

▼ Alles Theater: Neuberin-Museum in Reichenbach

▼ Die Gölzschtalbrücke, größte aus Ziegeln erbaute der Welt

▲ Bad Elster versucht mondäne Kurvergangenheit mit modernem Badeleben zu verbinden

Pfunde, mit denen Zwickau heute wuchern möchte. Und wen das alles nicht reizt, dem hilft vielleicht die ›Trabbi-Safari‹, bei der man sich drei Tage lang mit der ›Rennpappe‹ auf Orientierungsfahrt begeben kann.

SPECIAL

Die Schumanns

Was hätte aus Clara Wieck (1819 bis 1896) nicht alles werden können! Ihr ehrgeiziger Vater hatte sie in frühen Jahren zur Klaviervirtuosin ausgebildet. Goethe lauschte andächtig ihrem Klavierspiel, als sie sich anschickte, zunächst die deutschen Konzertsäle zu erobern, dann Paris, Prag, Wien. Aber sie musste ja unbedingt gegen den Willen Friedrich Wiecks dessen Klavierschüler Robert Schumann (1810–1856) heiraten und sieben Kinder mit ihm haben. Schumann war ein Schwärmer, genialer Komponist und Herausgeber der ›Neuen Zeitschrift für Musik‹. 1847 trat er mit Clara in seiner Geburtsstadt Zwickau auf: Sie gab sein Pianoforte-Konzert, er dirigierte seine C-Dur-Sinfonie – und ganz Zwickau feierte den berühmten Sohn der Stadt, der hier allerdings nur seine Kindheit und Jugend verbracht hatte. Seit dem Studium war er Leipzig verbunden, arbeitete zwei Jahre lang in Dresden als Chorleiter und als städtischer Musikdirektor in Düsseldorf, bis er unheilbar seinen Depressionen verfiel und in der Nervenheilanstalt Bonn-Endenich starb. Clara fand als Witwe wieder ihre Erfüllung im Konzertieren, war mit Johannes Brahms freundschaftlich verbunden, dessen Werke sie gerne bei ihren Konzertreisen spielte. Außerdem besorgte sie die Gesamtausgabe der Werke ihres Mannes, war Professorin für Klavier in Frankfurt am Main und komponierte auch wieder.

Vogtländische Schweiz

Um etwas über das Vogtland zu erfahren, muss man nur die vielen Bögen der Gölzschtalbrücke erklimmen. Aus 78 Metern Höhe ist zu erkennen, dass die lieblich wirkende Landschaft auch etwas Unruhiges hat. Wie ein Wellenmeer wechseln Wälder, Hügel und Täler sich ständig ab; nirgends ist der Boden so zur Ruhe gekommen, dass sich großflächige Besonderheiten herausgeformt hätten. Und tatsächlich

▲ In jedem Wohnzimmer stand ein Webstuhl: Freilichtmuseum Landwüst

▲ Plauener Spitzenmuseum: Musterbuch für Spitzen und Stickereien

▼ Markneukirchen: Miniaturen im Museum

▼ Rast an der Bärendorfer Scheune

▲ Markneukirchen: Trompete in der Werkstatt Voigt

▼ Blick vom Aschberg auf Klingenthal

sind die tiefsten Erdschichten immer noch in Bewegung, leichte Erdbeben keine Seltenheit. Von diesen Eindrücken auf die dort lebende Bevölkerung zu schließen, macht durchaus Sinn. Denn die Vogtländer sind für ihre Liebenswürdigkeit genauso bekannt wie für ihre Streitlust. Das ist nicht erst seit der multimedialen Ausschlachtung eines Nachbarschaftsstreits um einen Knallerbsenstrauch so. Wo bereits im Mittelalter die Landvögte eigenständig ihre Gebiete verwalteten, hat man sich bis heute eine gewisse Unabhängigkeit bewahrt. Als Sachsen fühlen sich die Vogtländer kaum. Schon in der Sprache unterscheiden sie sich.

Klangfülle und Spitze

Mit zwei Erwerbszweigen erreichte das Vogtland einst führende Positionen in der Weltwirtschaft. Mit der maschinell betriebenen Produktion von Spitzen und Stickereien, unter dem Begriff ›Dentelles de Saxe‹ international vermarktet. Und dem Bau von Musikinstrumenten. Aus dem angrenzenden böhmischen Egerland vertriebene Protestanten brachten die Fertigkeiten mit, die dem Musikwinkel um Klingenthal und Markneukirchen seinen Namen gaben. Mit Geigen fing es an im 17. Jahrhundert, und man bediente sich der Rohstoffe Holz und Harz aus den umliegenden Wäldern. Zupf- und Blechblasinstrumente kamen hinzu, so dass man fast ein ganzes Orchester aus dem Vogtland hätte bestücken können. Schließlich gelangte durch den Aufschwung der Industrie das Akkordeon hierher. Für kleinere Geldbeutel erschwinglich und ohne langen, teuren Unterricht zu erlernen, galt es als das ideale Musikinstrument für den kleinen Mann.

Die Bessergestellten – darunter auch der aus Thüringen angereiste Geheimrat Goethe – labten sich derweil im südlichsten Zipfel Sachsens an dem säuerlichen Wasser der Mineralquellen in Brambach und Elster. Aus den kleinen Orten im Wiesental der Weißen Elster wurden königliche Staatsbäder, die sich alle Mühe geben, mit ihrem in die Kurmoderne eingebetteten Jahrhundertwendeflair in Badehäusern und Kurtheater den härter gewordenen Zeiten zu trotzen.

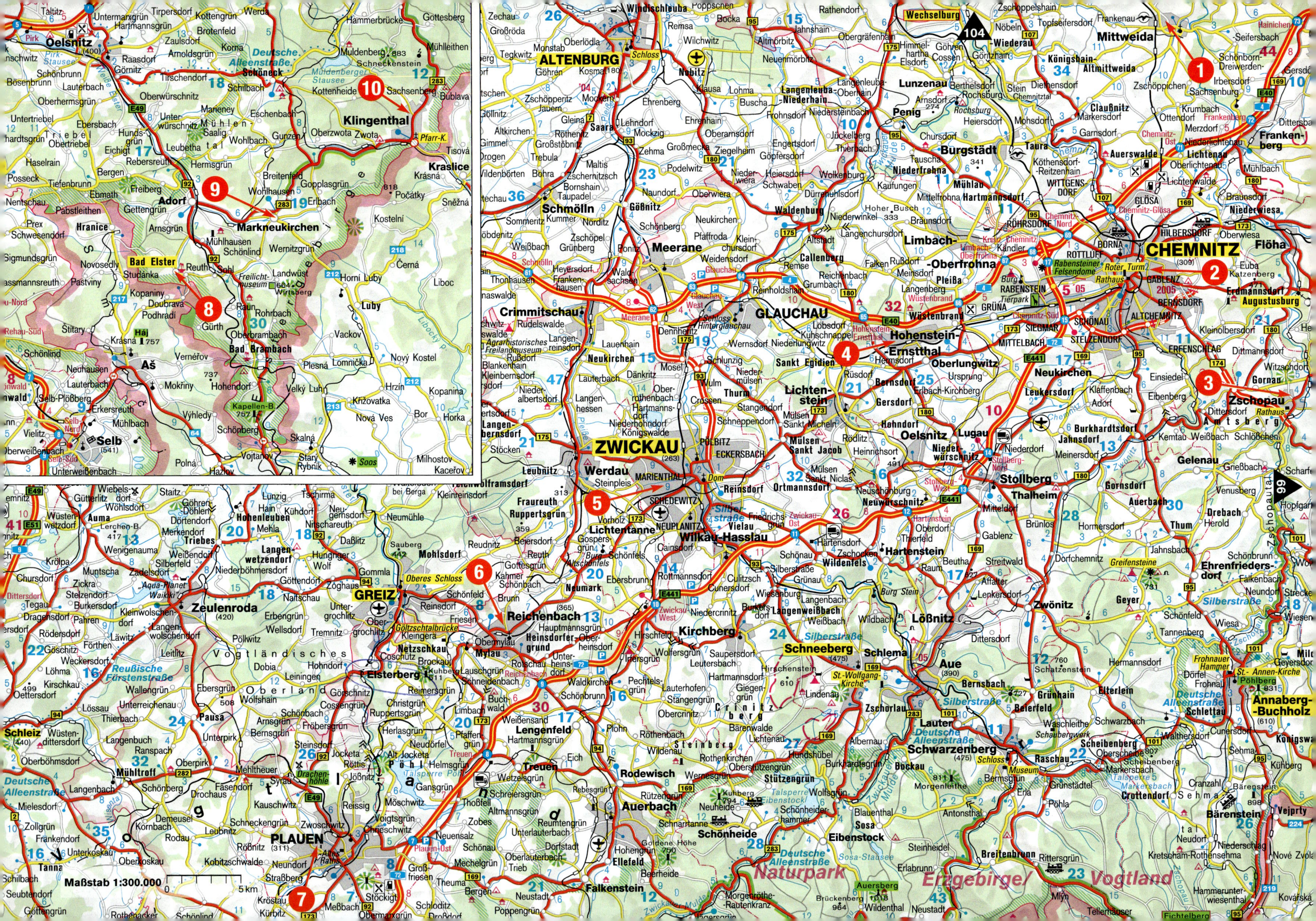
CHEMNITZ
ZWICKAU
PLAUEN
GREIZ
GLAUCHAU
ALTENBURG
Mittweida
Meerane
Crimmitschau
Werdau
Reichenbach
Zeulenroda
Auerbach
Schneeberg
Aue
Annaberg-Buchholz
Zschopau
Hohenstein-Ernstthal
Limbach-Oberfrohna
Burgstädt
Lichtenstein
Oelsnitz
Stollberg
Schwarzenberg
Klingenthal
Markneukirchen
Adorf
Bad Elster
Bad Brambach
Selb
Aš
Schleiz
Naturpark Erzgebirge/Vogtland
Maßstab 1:300.000
5 km

Infos

Burg Elsterberg !
südlich Greiz

Mittweida ①

Die 1867 hier gegründete Hochschule für Technik und Wirtschaft hat so erfolgreiche Konstrukteure wie Alfred Horch und Friedrich Opel hervorgebracht. 1870 saß Karl May in der Stadt (heute 16 000 Einw.) eine Gefängnisstrafe ab. Die denkmalgeschützte Altstadt prägen Bürgerhäuser aus verschiedenen Epochen.

Sehenswert: Nach dem Stadtbrand von 1450 wurde die Stadtkirche **Unser Lieben Frauen** erbaut. Am Markt **Friedensbrunnen** aus Rochlitzer Porphyr (1919). Stadtmuseum in den drei alten Pfarrhäusern, z. T. Fachwerk aus der Zeit nach 1624 (Kirchberg 3; Di.–Fr. 10.00–12.00 und 13.30–17.00, Sa. und So. bis 16.00 Uhr).

Umgebung: In **Schönborn-Dreiwerden** (südöstl.) bietet das Besucherbergwerk ›Alte Hoffnung Erbstolln‹ eine Kahnfahrt unter Tage (Sa. 10.00 und 13.00 Uhr). Die über 600 Jahre alte **Burg Kriebstein** (5 km nördl., außerhalb des Kartenausschnitts, s. Karte S. 104) bei Höfchen erhebt sich als ›schönste Ritterburg Sachsens‹ auf einem Felsen über dem grünen Tal; spätgotische Wandmalereien in der Kapelle, Museum zur Burggeschichte (www.burg-kriebstein.de; Di.–So. 9.00–17.00 Uhr, im Winter kürzer).

ⓘ Mittweida-Information, Rochlitzer Straße 58, 09648 Mittweida, Tel. 03727/967350, Fax 03727/967185, www.mittweida.de

Chemnitz ②

Metropole der am dichtesten besiedelten Region Sachsens (250 500 Einw.), um ein 1136 gegründetes Benediktinerkloster auf dem Schlossberg entstanden. Textilherstellung bereits im ausgehenden Mittelalter, ab 1470 Metallgewinnung. 1799 erste Spinnmühle, rasante Entwicklung zur Industriestadt (Textil, Maschinenbau) und Hochburg der Arbeiterbewegung. Im Zweiten Weltkrieg wurde die Innenstadt zu 80 Prozent zerstört. Die Umbenennung in Karl-Marx-Stadt (1953) wurde 1990 rückgängig gemacht.

Sehenswert: Am Markt das **Doppelrathaus**, dessen alter Teil im 15. Jh. entstand; das Neue Rathaus (1907–1911) hat eine vorwiegend im Jugendstil gehaltene Innenausstattung. Einzig mit spätbarocker Fassade erhalten blieb das **Siegertsche Haus** (Markt 20). In der Inneren Klosterstraße die dreischiffige **Jakobikirche** (urspr. romanisch) mit Dachreiter aus dem 14. Jh. (Flügelaltar 1505, Sandsteintaufe 17. Jh.). Ältestes Wahrzeichen ist der **Rote Turm** (12. Jh.), Rest der Stadtbefestigung. Weiter auf der Straße der Nationen erreicht man den Theaterplatz mit dem ›**Versteinerten Wald**‹ am Ostgiebel des **Museum für Naturkunde**, ebenso wie das **Opernhaus** von 1906 bis 1909 errichtet. Das 1995 fertig gestellte ›**Theatron**‹, eine Treppenanlage wie ein Amphitheater, wird für kulturelle Veranstaltungen genutzt. Im alten Klosterbezirk der 12 ha große **Schlossteich**, 1493 zur Versorgung der Klosterküche angelegt, und die **Schlosskirche** mit Astwerkportal und 3,60 m hoher Geißelsäule aus einem Eichenstamm (1515). Jugendstil-Liebhabern sei das **Kaßberg-Viertel** empfohlen, wo die Fabrikantenvillen und repräsentative Mietshäuser stehen. Am Sonnenberg noch typische Karree-Struktur dichter gründerzeitlicher Wohnbebauung mit neoklassizistischen, historisierenden und Jugendstilelementen.

Mittweida: Friedensbrunnenfigur und Rathaus

Museen: Die **Kunstsammlungen Chemnitz** sind erste Adresse für Malerei ab der Romantik und immer bereit für außergewöhnliche Ausstellungen internationaler Künstler (Theaterplatz 1; Di.–So. 12.00–19.00 Uhr). Die **Neue Chemnitzer Kunsthütte / Neue Sächsische Galerie** zeigt zeitgenössische Werke sächsischer Künstler (Straße der Nationen 33; Di.–Fr. 10.00–18.00, Sa. und So. 11.00–17.00 Uhr). Im **Schloßbergmuseum** alte Kunst von der Spätgotik bis zum Barock und eine Ausstellung über Stadtgeschichte (Schloßberg 12; Di.–Fr. 11.00–16.00, Sa. und So. 11.00–17.00 Uhr). Das Design des belgischen Architekten Henry van de Velde wird in der von ihm gestalteten **Villa Esche** präsentiert (Parkstraße 58; Mi., Fr., Sa. und So. 10.00–18.00, Führungen 16.00 Uhr). **Museum für Naturkunde** mit ›**Versteinertem Wald**‹ (250 Mio. Jahre alt) und Sammlung uralter Hölzer (Theaterplatz 1; Di., Do. und Fr. 9.00–12.00 und 14.00–17.00, Mi. bis 19.30, Sa. und So. 11.00–17.00 Uhr). Im **Sächsischen Industriemuseum** in einer ehem. Gießerei umfangreiche Ausstellung zur sächsischen Wirtschaftsgeschichte und Industriekultur (Zwickauer Straße 119, www.saechsisches-industriemuseum.de; Mo.–Do. 9.00 bis 17.00, Sa., So. und Fei. 10.00–17.00 Uhr). **Deutsches Spielemuseum** mit Spielen aus vier Jahrhunderten (Solaris-Technologie- und Gewerbepark, Neefestraße 78a; Mi., Do. und Fr. 10.00–18.00, Sa. und So. 13.00–19.00 Uhr). Zahlreiche Dampf-, Diesel- und Elektroloks zeigt das **Eisenbahnmuseum** im ehem. Betriebswerk für Dampflokbahnen (An der Dresdner Bahnlinie 130; Di.–Do. 9.00 bis 17.00 Uhr), Produkte aus 100 Jahren Fahrzeugbau in Sachsen das **Fahrzeugmuseum** im Wasserschloss Klaffenbach (Wasserschlossweg 6; Di.–So. 10.00–17.00 Uhr).

Einkaufen: Die **Galerie Roter Turm** mit Terracotta-Fassade ist zum modernen Marktplatz avanciert. In der Nachbarschaft das gläserne **Galeria-Kaufhaus**. Am Rosenhof und in den denkmalgeschützten Häusern am Rathaus finden sich gediegene Geschenkartikel.

Szene: Wer bei leichtem Essen und gutem Wein Chemnitzer Kunst und Design studieren will, ist im ›Heck-ART‹ (Mühlenstraße 2, Tel. 0371/6946818) am richtigen Platz; hier ist vom Mobiliar bis zur Tapete alles von regionalen Künstlern gestaltet. Das Restaurant in der Villa Esche (Parkstraße 58, Tel. 0371/2361363) streichelt den Feinschmecker-Gaumen. Der Chemnitzer Cartoonist Rainer Bach hat sich im ›Café Kutsche‹ (Franz-Mehring-Straße 17) ausgiebig an den Wänden verewigt. Satt wird man nicht im ›Voxxx-Café‹ (Horst-Menzel-Straße 24, Tel. 0371/364691), dafür gibt es in der ehem. Brauerei stets wechselndes Programm mit Filmwerkstatt, Tangonächten, Kunstperformances und Live-Musik. (Weitere Tipps in zwei Kneipenführern der Chemnitz-Information oder unter www.in-chemnitz-guide.de.)

Veranstaltungen: Im Mai/Juni Mozartfest, im Sommer Schlossteichkonzerte. Lichterfest und Ballonglühen mit ausgefallenen Heißluftballons auf dem Schlossberg im Juli. Großes Stadtfest im September, im Oktober zwei Wochen lang Kulturfestival ›Chemnitzer Begegnungen‹.

TIPP

Informationen mit Weitblick

Man muss Stefan Weber nicht kennen – aber wenn man etwas über Chemnitz erfahren will, ist man bei ihm am besten aufgehoben. Der Aufstieg auf den Hohen Turm des Alten Rathauses lässt sich dabei nicht umgehen – denn Stefan Weber ist Türmer. Er bietet außer dem Rundblick jede Menge Informationen über die Geschichte der Stadt und ihrer Architektur (Termine der Rathausführungen über Tourist-Information).

Umgebung: In 516 m Höhe thront **Schloss Augustusburg** (15 km östl.) über dem Zschopautal; die Renaissanceanlage (1568–1572) war Jagdsitz Augusts des Starken. In der Schlosskapelle ein Altarbild von Lukas Cranach d. J., im Museumsteil Kutschen und Schlitten des 18. bis 20. Jh., Motorradmuseum und Ausstellung über Jagdtiere und Vögel (April–Okt. tgl. 9.00–18.00, sonst tgl. 10.00–17.00 Uhr); im Adler- und Falkenhof Flugvorführungen mit Greifvögeln (April bis Okt. Di.–So. 11.00 und 15.00 Uhr).

Burg Rabenstein (6 km westl.), kleinste Burg in Sachsen, zeigt eine Ausstellung über ihre 600-jährige Geschichte (Oberfrohnaer Straße 147; Mai–Okt. Di.–So. 9.00–12.00 und 13.00–18.00 Uhr); die **Felsendome Rabenstein** sind ein ehem. Kalkbergwerk mit Tropfsteinen und unterirdischen Seen (Weg nach dem Kalkwerk 5; tgl. 10.00–18.00 Uhr).

ⓘ Tourist-Information, Markt 1,
09111 Chemnitz, Tel. 0371/690680,
Fax 0371/6906830, www.chemnitz-tourismus.de

Zschopau 3

Die Motorradwerke der 12 500-Einw.-Stadt (1286 erwähnt) waren in den 1930er-Jahren weltweit größter Hersteller. In der denkmalgeschützten Altstadt stehen vornehmlich schlichte Barockgebäude.

Sehenswert: Im Uhrenturm des **Alten Rathauses** (1495) ein Glockenspiel (9.00, 13.00, 18.00 Uhr). Das **Neue Rathaus** (urspr. 1561), wurde nach einem Brand barock umgebaut. Der Barockinnenraum der Stadtkirche **St. Martin** wurde klassizistisch umgestaltet (Pfarrgässchen 1; Mo.–Do. 9.00–12.00 und 14.00–16.30, Fr. 9.00–12.00 Uhr). **Schloss Wildeck** (südl. Ortsausgang), 1545 aus einer Wehranlage zum Jagdschloss umgebaut, beherbergt heute Stadtmuseum, Motorradmuseum und Buchdruckmuseum (tgl. 10.00 bis 18.00, Fei. 13.00–18.00 Uhr). Vom 32 m hohen Rundturm ›Dicker Heinrich‹ weiter Blick ins Tal der Zschopau.

ⓘ Fremdenverkehrsverein ›Zschopautal‹,
Altmarkt 2, 09401 Zschopau,
Tel. 03725/22657, www.zschopau.de

Hohenstein-Ernstthal 4

Der Ort ist erste Adresse für Freunde des Motorsports und des Schriftstellers Karl May. Am Sachsenring, wo seit 1927 Motorrad-Rennen gefahren werden, kann man selbst Runden drehen.

Sehenswert: Hübscher **Marktplatz** mit Bürgerhäusern und barocker Christophoruskirche (1756/1757). Im historischen **Postgut** eine

Altes und Neues Rathaus von Chemnitz

umfangreiche Privatsammlung erzgebirgischer Volkskunst (Friedrich-Engels-Straße 1; Di.–So. 13.00–17.00 Uhr). Das schmale Weberhäuschen, in dem **Karl May** 1842 zur Welt kam, ist heute Museum zu Leben und Werk des Autors (Karl-May-Straße 54; Di. bis So. 10.00–17.00 Uhr). Am **Stausee Oberwald** Freilichtbühne und Westernstadt.

Sachsenringfahrten finden im Verkehrssicherheitszentrum statt (Am Sachsenring 2, 09353 Oberlungwitz, Tel. 03723/65330).

Umgebung: In der **Miniwelt-Lichtenstein** (6 km nordw.) kann man eine Weltreise zu 90 bekannten Sehenswürdigkeiten im Maßstab 1:25 machen (Chemnitzer Straße 43, www.miniwelt.de; April–Okt. 9.00–18.00 Uhr).

ⓘ Stadtinformation, Altmarkt 30, 09337
Hohenstein-Ernstthal, Tel. 03723/402474,
Fax 03723/681440, www.hohenstein-ernstthal.de

Zwickau 5

Die viertgrößte Stadt Sachsens (104 000 Einw.) war im 15. und 16. Jh. durch Silbervorkommen und Tuchproduktion reich geworden, ab 1838 wurde auch Steinkohle abgebaut. Im 20. Jh. Automobilstadt; Horch (1904) und Trabant stehen für diesen jüngeren Teil der Wirtschaftsgeschichte.

Sehenswert: Die lange Kulturgeschichte offenbart sich rund um den großen **Hauptmarkt** mit dem neugotischen **Rathaus** (1866/1867), das die Jakobskapelle (1473–1477) des Vorgängerbaus integriert hat. Daneben das **Gewandhaus** mit hohem Satteldach (1525). Stattliche Bürgerhäuser sind das **Dünnebierhaus** (1480) an der Ostseite und das **Kräutergewölbe** (um 1470). Die wegen ihrer Größe auch ›Dom‹ genannte **Marienkirche** (1206 als Stadtkirche gegründet) besitzt mit 6000 Pfeifen, 77 Registern und 4 Manualen eine der größten Orgeln Deutschlands (Domhof 10; tgl. 9.00–18.00, Turmbesichtigung Mo.–Fr. 15.30 Uhr). Am Domhof die mittelalterlichen **Priesterhäuser** mit Museum und Brauerei (Di.–So. 13.00–18.00 Uhr). Am Kornmarkt steht das 1967 wieder aufgebaute **›Schiffchen‹**, ein Eckhaus mit Stilelementen aus Spätgotik und Frührenaissance, mit dem Handwerkszeichen der Seiler am Giebel. Die **Katharinenkirche** war ab 1219 Klosterkirche der Benediktinerinnen (Flügelaltar aus der Cranach-Werkstatt, 1518). In einem Park am Ufer der Mulde die **›Neue Welt‹**, ein Konzert- und Ballhaus im Jugendstil (1903), das immer noch Tanzpartys, Bällen und Showveranstaltungen dient (Leipziger Straße 182, Tel. 0375/270190, www.kultour-z.de). Im **Johannisbad** kann man in Jugendstilumgebung schwimmen (Johannisstraße 16, Tel. 0375/272560, www.johannisbad.de).

Museen: Die automobile Vergangenheit ist im **Automobilmuseum August Horch** zu besichtigen (bis 2004 Ausweichquartier Crimmitschauer Straße 36g, Tel. 0375/3909895, www.trabant.de; Di.–Do. 9.00–17.00, Fr.–So. 10.00–17.00 Uhr). Am Rand der Innenstadt liegen die **Städtischen Kunstsammlungen** mit Gemälden, Plastiken und Grafiken des 16. bis 18. Jh. (Lessingstraße 1; Di.–So. 13.00 bis 18.00 Uhr). Das Geburtshaus des Komponisten **Robert Schumann** ist heute Museum und Forschungsstätte (Hauptmarkt 5, www.robert-schumann-haus.de; Di.–Fr. 10.00 bis 17.00, Sa. und So. 13.00–17.00 Uhr).

Veranstaltungen: Internationales Trabbi-Treffen im Mai; **Robert-Schumann-Musiktage** im Juni.

SPECIAL

Georgius Agricola

Eigentlich hieß er Georg Pawer oder Bauer, aber dem Zeitgeist entsprechend gab sich der studierte Mediziner den lateinischen Namen Georgius Agricola. 1494 in Glauchau geboren, studierte er in Leipzig und Italien, war Lehrer an der Großen Schule in Zwickau. 1531 bestimmte ihn die Chemnitzer Bürgerschaft zum Stadtarzt. Dort erwarb er sich ein solch großes Ansehen, dass er mehrmals zum Bürgermeister gewählt wurde. Dass er nebenbei Grundlagenforschung im Bereich Mineralogie, Bergbaukunde und Metallerzeugung betrieben hatte, erfuhr die Öffentlichkeit allerdings erst nach seinem Tod. Sein zwölfteiliges Hauptwerk ›De re metallica‹ war 200 Jahre lang das international führende Lehrbuch für den Bergbau. Agricola starb 1555, begraben wurde er im Zeitzer Dom in Sachsen-Anhalt.

Infos

Umgebung: 9 km südw. liegt **Burg Schönfels** (1180) mit 25 m hohem Bergfried und Wehrgang, heute Museum zur Geschichte der Feudalherrschaft und revolutionärer Gegenbewegungen auf dem Lande (Burgstraße 34, Di.–Do., Sa. und So. 10.00–17.00 Uhr). **Schloss Blankenhain** (20 km nordw.) stellt im Landwirtschafts- und Brauereimuseum mit Freilichtteil die Lebenswelt auf dem Land dar (Di.–So. 10.00–18.00 Uhr).

ⓘ Tourist-Information, Hauptstraße 6, 08056 Zwickau, Tel. 0375/19433, Fax 0375/2725-919, www.kultour-z.de

Reichenbach 6

Die 28000-Einw.-Stadt war Geburtsort der Theaterreformerin Friederike Caroline Neuber (1697–1760).

Sehenswert: **St. Petri und Pauli** (um 1212) wurde 1720 nach Brand neu aufgebaut (Silbermannorgel). Zur Geschichte der einst bedeutenden **Textilindustrie** im Vogtland eine Ausstellung im Haus der Vereine (Friedrich-Ebert-Straße 25; Mi. 9.00–15.00 Uhr). Das Leben **F. C. Neubers** dokumentiert ein Museum in ihrem Geburtshaus (Johannisplatz 3; Di.–Fr. 10.00–16.00, So. 13.00–16.00 Uhr).

Umgebung: Bei Mylau (4 km südw.) steht die TOP ZIEL **Gölzschtalbrücke** (1846–1851), noch immer größte Ziegelbrücke der Welt, aus über 26 Mio. Ziegeln gebaut mit 81 Bögen über vier Stockwerken; im Museum auf **Burg Mylau**, einer romanische Kaiserburg aus dem 12. Jh., Informationen zur Geschichte der Brücke (Febr.–Okt. Di.–So. 10.00–16.00 Uhr).

ⓘ Bürgerinformation, Markt 6, 08468 Reichenbach, Tel. 03765/5240, Fax 03765/524300, www.fvv-noerdliches-vogtland.de

Plauen 7

Die Vogtlandmetropole (68500 Einw.), 1122 erstmals erwähnt, wurde durch die Erfindung der mechanischen Produktion von Tüllspitze 1880 weltbekannt.

Sehenswert: Das **Alte Rathaus** (Urspr. 1508) mit mächtigem Renaissance-Giebel mit beweglicher Kunstuhr (1548) ist Plauens Wahrzeichen (Spitzenmuseum). Daneben das Neue Rathaus (1922) mit 64 m hohem Turm. Gegenüber die barocke **Lutherkirche** (1693 und 1722) mit doppelgeschossigen Emporen im gotischen Chor. Die **Elsterbrücke** ist die älteste Steinbrücke Sachsens (vor 1244) und Teil der Stadtbefestigung. Drei **Patrizierhäuser** aus dem 18. Jh an der Nobelstraße dokumentieren den einstigen Reichtum der Baumwollhändler (Vogtlandmuseum). Die Hauptkirche **St. Johannis** (1222 geweiht) überragt mit ihren 52 m hohen Doppeltürmen die Stadt; gotischer Innenraum mit siebenteiligem Sterngewölbe (Untere Endestraße 4; Tel. 03741/226957, Besichtigung n. Vereinb.).

Robert Schumann vor Zwickaus Gewandhaus

Museen: Dem bekanntesten Produkt ist das **Spitzenmuseum** gewidmet (Unterer Graben; Mo.–Fr. 10.00–17.00, Sa. 9.00–14.00 Uhr). Das **Vogtlandmuseum** zeigt Sakralplastiken, Kunst aus dem Vogtland, Zinn, Möbel des 18. und 19 Jh. (Nobelstraße 9; Di.–So 10.00–16.00 Uhr). Eines der ältesten Gebäude der Stadt ist das Malzhaus, heute beliebte **Galerie für zeitgenössische Kunst** (Alter Teich 7; Di.–Sa. 13.00–18.00, So. 14.00 bis 17.00 Uhr).

Umgebung: Phantastische Tropfsteingebilde mit poetischen Namen wie ›Versteinerter Wasserfall‹, ›Nixensee‹ und ›Plauener Gardinen‹ sind in der 1928 entdeckten **Drachenhöhle** in Syrau (8 km nordw.) zu sehen (Höhlenberg 10; tgl. 9.00–16.30 Uhr).

ⓘ Tourist-Information, Unterer Graben 1, 08523 Plauen, Tel. 03741/19433, Fax 03741/2911059, www.plauen.de

Bad Elster 8

Ehem. Königlich-Sächsisches Staatsbad (1848), mit ausgedehntem Kurpark, Musikpavillon, Gondelteich, Floratempel und Theater.

Sehenswert: Das **Albertbad** (1910) ist purer Jugendstil mit kupfernen Badewannen, Kuppelmalereien (Flügel G) und Meißner Kacheln (Flügel C). In der Wandelhalle sind die 1851 entdeckte Salzquelle und die Moritzquelle zu finden.

Umgebung: Um den Ort ein 40 km langes Netz von Wanderwegen. Der Weg nach **Bad Brambach**, seit 1912 Kurort mit sechs Quellen, führt an **Raun** vorbei, das wegen seiner Umgebindehäuser und der Dorfkapelle (1534) unter Denkmalschutz steht.

ⓘ Bad Elster-Information, Lindenstraße 7, 08645 Bad Elster, Tel. 037437/539393, Fax 037437/539394, www.stadt-badelster.de

Markneukirchen 9

Seit über 300 Jahren werden hier Musikinstrumente hergestellt, die Geigen und Blechblasinstrumente sind in aller Welt bekannt.

Museen: Das spätbarocke Paulus-Schlössel (1789) ist Sitz des hochinteressanten **Musikinstrumenten-Museums** mit 2800 Instrumenten aus aller Welt (Bienengarten 2; April–Okt. Di.–So. 9.00–17.00, sonst 10.00 bis 16.00 Uhr). In **Schauwerkstätten** kann man zusehen, wie Instrumente entstehen (Migma, Schützenstraße 27, Di.–Fr. 9.00 bis 12.00 und 13.00–17.00 Uhr; Metallblasinstrumente Jürgen Voigt, Schulstraße 18, Tel./Fax 037422/2757, n.Vereinb.). Im Stadtteil Wohlhausen zeigt Wolfgang Hüttel seine private Sammlung selbstspielender Instrumente (Hauptstraße 10; tgl. 9.00–18.00 Uhr).

Umgebung: Wie man in vergangenen Jahrhunderten im Vogtland gelebt und gearbeitet hat, zeigt das **Freilichtmuseum** in Landwüst und Eubabrunn (5 km südöstl., Am Bauernmuseum 2; Febr.–Okt. tgl. außer Mo. 8.30 bis 17.00, sonst 10.00–16.00 Uhr).

ⓘ Tourismusbüro, Am Rathaus 2, 08258 Markneukirchen, Tel. 037422/41143, Fax 037422/41149, www.markneukirchen.de

Klingenthal 10

Das Wappen des Wintersportzentrum (12000 Einw.) am Aschberg (936 m) zeigt eine Lyra; allerdings werden hier seit 150 Jahren Akkordeons hergestellt. Die Vogtlandschanze im Ortsteil Mühlleithen, eine Natureisbahn, Loipen und Abfahrten repräsentieren den Sportort.

Sehenswert: Nach der Dresdner Frauenkirche ist die barocke **Rundkirche ›Zum Friedefürsten‹** (1737 geweiht) die größte ihrer Art in Sachsen (Kirchstraße 19; April–Okt. Mo. bis Sa. 10.00–12.00 und 14.00–16.00 Uhr). Beide Traditionen des Ortes verbindet das **Musik- und Wintersportmuseum** (Schloßstraße 1; Di.–Fr. 10.00–16.00, Sa. und So. 11.00–16.00 Uhr). **Schaumanufaktur** für Akkordeon und Harmonika (Falkensteiner Straße 31; Führungen Mo.–Do. 9.30, 11.00, 12.30, 14.00, Fr. 9.30 Uhr).

Veranstaltung: **Internationaler Akkordeonwettbewerb** im Mai.

Umgebung: Weil Sigmund Jähn, Deutschlands erster Kosmonaut, in **Morgenröthe-Rautenkranz** (12 km nordöstl.) geboren wurde, gibt es dort eine ansehnliche Raumfahrt-Ausstellung (Bahnhofstraße 8, www.morgenroethe-rautenkranz.de; Di.–So. 10.00–17.00 Uhr,)

ⓘ Tourist-Information, Schloßstraße 3, 08248 Klingenthal, Tel. 037467/64832, Fax 037467/64825, www.klingenthal.de

LEIPZIGER
BUCHMESSE
Köstritzer

Die quirligste Metropole

Sie sagen es nicht offen, aber sie trauen sich eine ganze Menge zu, die Leipziger. Mit einer silberglänzenden Fee, die im Werbefilm olympiabegeisterte Bürger aus den letzten Winkeln der Stadt hervorlockte, hat die Messestadt sich in die Herzen und Köpfe des Nationalen Olympischen Komitees geschlichen. Das ungenierte Werben mit den Montagsdemonstrationen brachte Leipzig manchen Kommentar ein – aber so sind sie, die Leipziger: selbstbewusste Bürger, die sich um ihre Stadt kümmern.

Die gläserne Architektur der Neuen Messe ist Leipzigs modernes Aushängeschild.

◄ City-Hochhaus ▲ Thomaskirchhof

▲ Mendebrunnen und Opernhaus auf dem Augustusplatz

▲ Vorfreude auf dem Naschmarkt

▼ Floristisch: Nikolaikirche

▼ Völkerkundemuseum

Mit Kaufen und Verkaufen ist Leipzig groß geworden. Zwar sind die Handelshöfe und ›Messpaläste‹ in der Altstadt inzwischen attraktive Geschäftspassagen. Die Messe hat sich räumlich von der Innenstadt entfernt und ist im Konzert der Konsumplaner noch nicht bei den ersten Geigen angelangt. Doch ist die Lust am Warenaustausch jeglicher Art ungebrochen. Allein im Hauptbahnhof finden sich auf drei Ebenen 140 Geschäfte. Von dort gelangt man zu Fuß zum Passagenviertel der Altstadt, das vom Gosenkäse, gereift im Leipziger obergärigen Bier, über Designermode, ausgefallene Kopfbedeckungen, coole Outfits, asiatische Möbel und ostkultischen Schnickschnack alles bietet, was des Käufers Herz begehrt. So stilvoll wie hier bekommt er die Waren allerdings nicht überall präsentiert. Ob zu den Klängen des Glockenspiels aus Meißner Porzellan in der Mädlerpassage oder mit Theater und Musikumrahmung – in der geschmackvollen Architektur vergangener Zeiten bilden Kommerz und Kultur eine angenehme Synthese.

Überall Stätten der Gastlichkeit

So könnte man in ›Auerbachs Keller‹ speisen wie einst August der Starke oder Peter der Große – und dabei Goethes ›Faust‹ zitieren – oder sich im Kaffeehaus ›Coffe Baum‹ in der Kleinen Fleischergasse vorstellen, wie Richard Wagner und Franz Liszt über romantische Musik gefachsimpelt haben, Robert Schumann am Stammtisch mit Freunden Ideen für seine Musikzeitschrift austauschte und Georg Philipp Telemann mit seinen Studenten probte. Locker lässt es sich nach jedem zweiten Einkauf zum ›Schälchen Heeßen‹ nach sächsischer Art einkehren, dem ›Latte macchiato‹ und Espresso allerdings inzwischen Konkurrenz machen. Oder zwischen ›Bagel‹ und ›Bemme‹ wählen, vor allem aber zwischen ›drinnen‹ und ›draußen‹, wobei der ›Freisitz‹ besonders an lauen Sommerabenden so viele Anhänger findet, dass im Kneipenviertel Barfußgäßchen kein Durchkommen ist. Kinder sind hier übrigens kein Hindernis – für sie gibt es ›Leos Rappelkiste‹, die tausendmal interessanter ist als Shopping und Kaffeetrinken mit den Eltern.

▲ Die Mädlerpassage mit ihrem Glockenspiel

▼ Genuss garantiert: der ›Coffe Baum‹

▼ Dramatisch schon im Foyer: Gewandhaus

▲ Begehbare Zeit: Uhr in der Strohsackpassage

▼ Lernen mit Lessing in der ›Moritzbastei‹

▼ Leipzigs Hauptbahnhof, die gelungene Verbindung von Reisen und Einkaufen

Die Kulturhochburg

Wenn in Leipzig an der Kultur gespart wird, heißt das, dass nur noch einmal im Jahr ein Lesefestival veranstaltet wird oder die vielen freien Bühnen etwas sparsamer mit Subventionen bedacht werden. Was bleibt, ist immer noch wesentlich mehr, als andere Städte vergleichbarer Größenordnung sich träumen lassen. Zu bedeutend ist das kulturelle Erbe, als dass konjunkturelle Schwankungen es in Gefahr bringen könnten. Wenn das Völkerschlachtdenkmal aus öffentlichen Mitteln nicht zu sanieren ist, dann finden sich eben engagierte Bürger, die Spenden sammeln und neue Nutzungsmöglichkeiten erörtern, die dem 91 Meter hohen Koloss die weitere Existenz sichern.

Die Museenlandschaft ist so vielfältig, dass auch Liebhaber von Schrebergärten, alten Apotheken und Kaffeehauskultur auf ihre Kosten kommen. Kabarett und Varieté gibt es hier, wie es nicht einmal die Haupt-

SPECIAL

Die Leipziger Messen

Mit dem Stadtbrief, bereits um 1165 ausgestellt von Markgraf Otto von Meißen, begann in Leipzig der Messebetrieb. Schließlich trafen sich mitten in der Stadt die wichtigen Fernhandelswege ›via imperii‹ und ›via regia‹ – die neue Stadt war idealer Warenumschlagplatz. Regionale Messekonkurrenz verlor schnell die Lust, vor allem, nachdem Kaiser Maximilian 1497 den umliegenden Bistümern ähnliche Märkte verboten und 1507 Leipzig das Messeprivileg ausgesprochen hatte. Im 19. Jahrhundert wurden die alten Kaufmannshöfe durch 30 ›Messpaläste‹ verdrängt, Vorläufer der heutigen Einkaufspassagen. Und die Mustermesse (erstmals 1895) trennte Warenschau und -vertrieb. Das ›dolce vita‹ in Leipzigs Kneipen, Theatern und Cafés zu Messezeiten aber blieb und war berühmt – es ist es bis heute geblieben, wenngleich die Messe 1996 hinauszog, direkt an die Autobahn 14. Die gemütliche Enge in der Stadt war nicht mehr konkurrenzfähig, und Leipzig muss sich trotz etwa 25 Fachmessen pro Jahr immer noch gewaltig regen, um im Konzert der großen Marktplätze mitspielen zu können.

▲ Ohne allzu großen Ernst: Badewannenrennen am Völkerschlachtdenkmal

▲ Alle Jahre wieder Völkerschlacht

▲ Im Tal der Pharaonen: Belantis

▼ Johannapark mit Neuem Rathaus

▲ *Im Völkerschlachtdenkmal*

▼ *Plagwitz: einst die Buntgarnwerke*

stadt bieten kann, Kleinkunst und experimentelles Theater. Und die beiden wohl prominentesten Kirchen Ostdeutschlands: die Thomaskirche mit ihrem weltberühmten Thomanerchor, der das Erbe Johann Sebastian Bachs lebendig hält, und die Nikolaikirche, die durch ihre Montagsgebete fest verbunden ist mit der Geschichte der friedlichen Revolution in der DDR und sich weiterhin einmischt in die Geschehnisse der Zeit.

Dichter wie Goethe und Schiller haben Spuren in der Stadt hinterlassen und Wissenschaftler wie Leibniz und Heisenberg, die an einer der ältesten Universitäten Europas wirkten. Nach Bach und Mendelssohn-Bartholdy wird mittlerweile auch Albert Lortzing als musikalischer spiritus rector der Stadt gefeiert – das Gewandhausorchester bürgt für höchste Qualität der Wiedergabe. Und als wäre das tägliche Repertoire an künstlerischer Darstellung noch nicht ausreichend, sucht Leipzig jede Möglichkeit, mit Festivals und Großveranstaltungen Besucher für die Stadt zu interessieren.

Auch außerhalb der Leipziger Altstadt muss der Besucher nicht auf Kultur verzichten. In Gohlis hat Friedrich Schiller den Sommer 1785 in einem Bauernhaus verbracht, zusammen mit seinem Verleger Georg Joachim Göschen. Fachleute streiten noch darüber, ob die ›Ode an der Freude‹ wirklich hier entstanden ist – aber hübsch anzusehen ist das ›Schillerhaus‹ mit seiner Ausstellung auf jeden Fall.

Leipzigs Canal Grande

Die Vision des Carl Erdmann Heine ließ sich nicht ganz verwirklichen. Er wollte Mitte des 19. Jahrhunderts einen Wasserweg von Leipzig zur Nordsee schaffen. Immerhin hat es zu einem Kanalstück gereicht, das an Leipzigs altem Industrie- und neuem In-Viertel Plagwitz vorbeiführt. Wer will, kann eine venezianische Gondel besteigen und in aller Ruhe die sanierten Fabrikgebäude betrachten, die heute als exklusive Wohn- und Bürohäuser dienen. Und die nächste Vision ist gar nicht so weit von der Wirklichkeit entfernt: eine Verknüpfung des Wasserweges mit Elster und Pleiße, die mitten in die Leipziger Altstadt führen soll.

LEIPZIG
MÖCKERN
(zu Leipzig)
L.-Möckern
L.-Coppiplatz
GOHLIS-SÜD
ZENTRUM-NORDWEST
Rosental
Zoologischer Garten
MITTE
ZENTRUM-WEST
ZENTRUM
ZENTRUM-OST
ZENTRUM-SÜD
ZENTRUM-SÜDOST
Sportforum
Zentralstadion (im Umbau)
Festwiese
Palmengarten
Clara-Zetkin-Park
Klinger hain
Die Nonne
Rennbahn Scheibenholz
Der Beipert
PLAGWITZ
SCHLEUSSIG (zu Leipzig)
SÜDVORSTADT
L.-Hauptbf.
L.-Bayer. Bf.
L.-Völkerschlachtdenkmal
Rosentalhügel
Aussichtsturm
Elsterbecken
Weiße Elster
Heuweg
Hans-Driesch-Str.
Jahnallee
Gustav-Adolf-Str.
Friedrich-Ebert-Str.
Käthe-Kollwitz-Str.
Karl-Tauchnitz-Str.
Ferdinand-Lassalle-Str.
Karl-Heine-Str.
Könneritzstr.
Schleußiger Weg
Rödelstr.
Kurt-Eisner-Str.
Richard-Lehmann-Str.
Karl-Liebknecht-Str.
Bernhard-Göring-Str.
Arthur-Hoffmann-Str.
August-Bebel-Str.
Prager Str.
Philipp-Rosenthal-Str.
Dresdner Str.
Ostplatz
Johannisplatz
Roßplatz
Tröndlinring
Brandenburger Str.
Berliner Str.
Eisenbahnstr.
Georg-Schumann-Str.
Max-Liebermann-Str.
Lützner Str.
Zschochersche Str.
Friedenspark
Messe
Augustusplatz
Markt
Naschmarkt
Specks Hof
Theaterpassage
Thomaskirche
Neues Rathaus
Moritzbastei
Universität Leipzig
Mensa
Gewandhaus
Mendebrunnen
Schauspielhaus
Altes Amtshaus
Goerdeler Denkmal
Bowling-Treff
Roßplatz
Maßstab 1:23.000
0
300 m

Infos

Specks Hof wurde 1911 eingeweiht

Geschichte und Allgemeines

1015 wurde die deutsche Burg ›Urbs libzi‹ erwähnt. Aber bereits im 7. Jh. siedelten Slawen in der Leipziger Tieflandsbucht; sie nannten ihre Ortschaft ›Lipsk‹ – Ort bei den Linden. 1165 verlieh Markgraf Otto der Reiche aus Meißen Stadt- und Marktrecht. Nach Silber- und Kupferfunden in Erzgebirge und Mansfelder Land lebte die Stadt neben dem Fernhandel auch vom Bankgeschäft – ein bis heute wichtiger Wirtschaftszweig. Die Universität ist die zweitälteste Deutschlands; sie wurde 1409 von Flüchtlingen aus Prag gegründet. 1497 Verleihung des Messeprivilegs durch Kaiser Maximilian I. 1687 Eröffnung der ersten europäischen Handelsbörse. Leipzigs Geldadel legte barocke Gärten an, baute Handelshöfe zur Präsentation seiner Waren. Mit dem Geld kam die Kultur, besonders im 18. Jh. (Thomaskantor Johann Sebastian Bach, Theaterreformerin Caroline Neuber, Verleger Johann Christoph Gottsched).

In der dreitägigen Völkerschlacht bei Leipzig 1813 rund um und in der befestigten Stadt deutete sich das Ende der napoleonischen Herrschaft über Europa an; sie brachte die politische Wende. 1825 Gründung des Börsenvereins des deutschen Buchhandels. 1839 wurde die erste Ferneisenbahn nach Dresden in Betrieb genommen, die Industrialisierung mit Kammgarnspinnereien und Maschinenfabriken erhielt Auftrieb. 1863 Gründung des Allgemeinen Deutschen Arbeitervereins als Beginn der Sozialdemokratie (Lassalle, Bebel, W. Liebknecht). Oberbürgermeister Carl Goerdeler war ausgewiesener Nazigegner und wurde 1945 hingerichtet; schwere Bombenschäden im Zweiten Weltkrieg. Zuvor waren die meisten der 19 500 Juden, die u. a. als Pelzhändler in Leipzig ansässig waren, deportiert worden – nur noch 200 lebten nach dem Krieg in der Stadt. Im März 1946 Vereinigung von KPD und SPD zur SED im Capitol. Ab 1952 Bezirksstadt. 1982 begannen die montäglichen Friedensgebete in der Nikolaikirche. Am 25.9.1989 fand die erste, am 12.3.1990 die letzte Montagsdemonstration statt: Das SED-Regime war überwunden.

Gerne würde die Stadt mehr expandieren und über 500 000 Einw. haben; bisher kam es nicht dazu. Das wirtschaftliche Leben der Stadt wird neben Handels- und Messebetrieb (rund 25 Fachmessen) auch durch Maschinenbau, Elektrotechnik, Textil- und chemische Industrie bestimmt. Rund 23 000 Studenten halten die Messestadt jung.

ⓘ Leipzig Information, Richard-Wagner-Straße 1, 04109 Leipzig, Tel. 0341/7104260, Fax 0341/7104271, www.leipzig.de

Überall kann man seinen Bummel unterbrechen

Sehenswürdigkeiten

Leipzigs Altstadt ist weitgehend autofrei und mit knapp 1 km² Größe so überschaubar, dass man sich die Sehenswürdigkeiten gut erlaufen kann. Für Pausen stehen alle paar Meter Kneipen und Cafés für jeden Geschmack, vor allem aber mit Tischen unter freiem Himmel bereit.

Altes Zentrum: Den **Markt** ❹ dominiert das lang gestreckte Renaissance-**Rathaus** (1557), vom Architekten und Bürgermeister Hieronymus Lotter in nur neun Monaten gebaut; auch die **Alte Waage** mit Sonnenuhr (1555) am Nordende des Platzes stammt von ihm, an der Südseite das barocke **Königshaus** (1610), Stadtquartier der Königsfamilie zu Messezeiten. An der Rathaus-Rückseite liegt der **Naschmarkt** ❺; hier kann man unter dem Denkmal (1903) des jungen Goethe seinen Cappuccino trinken, die Alte Börse im Blick (1678–1687, ›italienischer Stil‹). Die **Mädlerpassage**, 130 m lang und gegenüber, wurde 1914 nach Mailänder Vorbild anstelle Auerbachs Hof errichtet (Glockenspiel aus Meißener Porzellan, ›Auerbachs Keller‹ mit Wandgemälden zu Goethes ›Faust‹). Nördl. des Marktes blieben **Passagen und Durchhöfe** mittelalterlichen Ursprungs erhalten. **Barthels Hof** (1523) an der Hainstraße ❸ wurde zum Barockensemble umgebaut (Renaissance-Erker im Innenhof); sehenswert das Renaissancehaus Hainstraße 8 und die Adler-Apotheke von 1709, in der Theodor Fontane zwei Jahre gearbeitet hat. Passagen zur Katharinenstraße mit barockem **Romanushaus**, das Bürgermeister Franz Conrad Romanus 1701–1704 mit ungedeckten Schuldscheinen finanzierte. Gotische und barocke Elemente im Fregehaus (Nr. 11). Der durch Bombenschäden entstandene **Sachsenplatz** ❻ ist völlig neu gestaltet worden und Heimstatt für das Bildermuseum.

Westl. des Marktes steht auf einem der schönsten Plätze Leipzigs, dem **Thomaskirchhof**, die **Thomaskirche** ❾, 1212 als Klosterkirche gegründet, 1482–1496 als spät-

SPECIAL

Mendelssohn und Bach

Was wäre Johann Sebastian Bach (1685 bis 1750) ohne Felix Mendelssohn-Bartholdy? Vergessen, zumindest in Leipzig. 27 Jahre lang Thomaskantor, jede Woche eine Kantate komponiert, Johannes- und Matthäuspassion, Weihnachtsoratorium und h-moll-Messe – und dann hat ihn Leipzig bald nach seinem Tod einfach ad acta gelegt. Bis dieser junge, gebildete Pianist und Komponist (1809–1847) in die Stadt seines großen Vorbildes kam. 79 Jahre nach Bachs Tod war es Mendelssohn, der 1829 erstmals wieder die Matthäuspassion in Leipzig dirigierte. Damit war das Eis gebrochen. Unter Mendelssohns tätiger Mithilfe erinnerte sich die Nachwelt wieder an den großen Bach. 1835 nahm er den Ruf als Gewandhauskapellmeister an, kümmerte sich auch um selten gespielte Werke von Mozart, Haydn, Händel und Gluck. Die Wiener Klassik war seine Passion. 1843 gründete er zur Förderung des Nachwuchses das Konservatorium, das den Ruf Leipzigs als Musikstadt noch mehrte. Die Stadtväter zeigten sich dankbar, machten Mendelssohn noch im selben Jahr zum Ehrenbürger – und mussten bald für immer auf ihn verzichten. Felix Mendelssohn-Bartholdy starb früh an einem Hirnschlag. Zurück blieben die ›Sommernachtstraum‹- und ›Hebriden‹-Ouvertüre, die Oratorien ›Paulus‹ und ›Elias‹, die ›Schottische‹ und die ›Italienische Sinfonie‹, Kammermusik und Kompositionen für Klavier (Präludien und Fugen).

Überall in der Stadt sind die von verschiedensten Künstlern gestalteten ›Leo-Lips‹ zu finden

gotische Hallenkirche umgebaut und Ende des 19. Jh. neugotisch umgestaltet. Seit 800 Jahren mit Internat für Thomaner-Chorknaben (www.thomaskirche.org; tgl. 9.00–18.00, Nov.–Febr. bis 17.00 Uhr), ist sie kulturelles Zentrum der Stadt und war Wirkungsstätte Johann Sebastian Bachs, der im Chorraum begraben liegt und vor der Kirche als Denkmal steht. Gegenüber im **Bosehaus** sind Bachmuseum und Kabarett ›Pfeffermühle‹ beheimatet.

Am Ring: Am Altstadtring in südl. Richtung stößt man auf den **Burgplatz**, der an die Pleißenburg (im 19. Jh. geschleift) erinnert. An ihre Stelle kam 1905 das stilistisch gut durchmischte **Neue Rathaus** 11 (Stadtverwaltung; Führungen jeden letzten Sa. im Monat 10.00 Uhr). Südl. davon (Harkortstraße) das ehem. **Reichsgericht** (1895), heute Sitz des Bundesverwaltungsgerichtes.

An den Resten der mittelalterlichen Stadtbefestigung, der **Moritzbastei**, vorbei, erreicht man den fast 4 ha großen **Augustusplatz** 8. Höchstes Bauwerk ist mit über 130 m das **City-Hochhaus** (›Weisheitszahn‹, 1968 bis 1973). Anziehungspunkte für Musikfreunde sind hier das **Opernhaus** (1956–1960), das dem Repräsentationsdrang der DDR-Oberen entsprach, und das **Neue Gewandhaus** (1977 bis 1981). Auf dem Platz der **Mendebrunnen** (1886), in seltsamem Kontrast zu den milchglasbekrönten Abgängen zur Tiefgarage.

Richtung altem Zentrum steht die **Nikolaikirche** 7, eine spätgotische Hallenkirche (12.–16. Jh.) mit hellem klassizistischen Innenraum (1784–1797, www.nikolaikirche-leipzig.de; tgl. außer So. 10.00–18.00 Uhr), immer noch Ort von Montagsgebeten. Die **Alte Nikolaischule** (Urspr. um 1510) heute mit Restaurant und Lesecafé ist außerdem Museum. An der Ecke Universitätsstraße/Gewandgäßchen das **Städtische Kaufhaus** (1893–1901), erstes Mustermessehaus; eine Statue Kaiser Maximilians I. erinnert an die Verleihung des Messeprivilegs.

TIPP

Ostdeutsches Disneyland

Wo gibt es den echten ›Saggsenburger‹? In der Pulverschänke auf dem Alten Marktplatz des Freizeitparks ›Belantis‹. Ob er auch im Magen bleibt, wenn die Riesenschiffschaukel hoch aufschwingt? Oder der Fluch des Pharao einen aus 35 m Höhe über eine einzigartige Wasserbahn scheucht? Neben dem Tal der Pharaonen, dem Strand der Götter, der Küste der Entdecker und dem Land der Grafen wartet noch die Insel der Ritter auf unerschrockene Eroberer. Auf 25 ha Parkfläche im früheren Braunkohletagebau haben die Belantis-Konstrukteure ihre Traumwelt geschaffen, eine ostdeutsche Antwort auf Disneyland (Hotline 01805/694694, www.belantis.de, südw. außerhalb der Stadtkarte nahe Knautnaundorf, s. Karte S. 104; Mi.–So. und Fei. 10.00–18.00 Uhr, in Ferien auch Mo. und Di.).

Museen

Leipzigs Museums- und Ausstellungslandschaft verfügt über mehr als 30 Präsentationsorte. Hier eine Auswahl:

Kunstmuseen: Das **Museum der Bildenden Künste** 6 zeigt altdeutsche und holländische Malerei (Sachsenplatz; Di., Do.–So. 10.00 bis 18.00, Mi. 13.00–21.30 Uhr).

In der Nachbarschaft der künstlerischen Hochschulen die **Galerie für Zeitgenössische Kunst** 15 (Karl-Tauchnitz-Straße 11; Di., Mi. und Fr. 13.00–17.00, Do. 13.00 bis 20.00, Sa. und So. 10.00–17.00 Uhr).

Die **Kunsthalle der Sparkasse** 10 präsentiert 900 Bilder und Plastiken von Leipziger Künstlern (Otto-Schill-Straße 4; Di.–Fr. 15.00 bis 19.00, Sa. und So. 10.00–16.00 Uhr).

Zeitgeschichtliche Museen: Im **Stadtgeschichtlichen Museum** 4 500 000 Exponate zur Stadtgeschichte und das einzige authentische Portrait Johann Sebastian Bachs (Altes Rathaus, Markt 1; Di. 14.00–20.00, Mi.–So. 10.00–18.00 Uhr).

Das **Zeitgeschichtliche Forum** 5 dokumentiert Alltagsleben, Politik und Widerstand in der DDR; thematische Ausstellungen, Diskussionsveranstaltungen und Informationsabende zur Zeitgeschichte (Grimmaische Straße 6, www.hdg.de; Di.–Fr. 9.00–18.00, Sa. und So. 10.00–18.00 Uhr).

Museum des Leipziger Bürgerkomitees: ›Macht und Banalität‹ der Stasi wird anhand von Dokumenten, konservierten ›Duftlappen‹, Observierungsgeräten und einer nachgebauten Verhörzelle im ehemaligen Quartier der Stasi-Bezirksverwaltung ›Runde Ecke‹ 1 (Dittrichring 24; Mi.–So. 14.00–18.00 Uhr) und im Stasi-Bunker Machern (Alfred-Frank-Siedlung 439, 04827 Machern, östl. außerhalb des Stadtplans Richtung Wurzen, s. Karte S. 104; jeden letzten Sa. im Monat 13.00–16.00 Uhr) dargestellt.

Das Völkerschlachtdenkmal spiegelt den Zeitgeist

Zum 1913 eingeweihten **Völkerschlachtdenkmal** 19 (herrlicher Blick auf Leipzig) gehört auch das Museum ›Forum 1813‹ zur Geschichte der Völkerschlacht (Prager Straße 210, www.t-online.de/home/Stadtmuseum.Leipzig; Mai–Okt. tgl. 9.00–17.00, Nov. bis April bis 16.00 Uhr; Museum April–Okt. tgl. 10.00–18.00, Nov.–März bis 16.00 Uhr).

Im **Archiv Bürgerbewegung Leipzig** 19 ist eine Ausstellung über die Leipziger Opposition gegen das SED-Regime zu sehen (Russenstraße 48; Di., Do. und Fr. 12.00–16.00, Mi. 12.00–17.00 Uhr).

Infos

Sonstige Museen: Das Grassimuseum 17 vereint das **Museum für Kunsthandwerk** mit nennenswertem Bestand an Art déco und Bauhaus-Design (Eingang Johannisplatz 5; Di. und Do.–So. 10.00–18.00, Mi. 12.00 bis 20.00 Uhr), das **Musikinstrumenten-Museum** (Eingang Täubchenweg 2e; Di.–Sa. 10.00–17.00, So. 10.00–13.00 Uhr) und das **Museum für Völkerkunde** (Eingang Täubchenweg 2; Di.–Fr. 10.00–17.30, Sa. und So. 10.00–17.00 Uhr).

Das **Bacharchiv** 9 zeigt eine Dauerausstellung über die Leipziger Jahre des Komponisten Johann Sebastian Bach; Sonderausstellungen von Originalhandschriften (Thomaskirchhof 16; tgl. 10.00–17.00, Führungen 11.00 und 15.00 Uhr).

Im **Mendelssohn-Haus** 16 eine Ausstellung über Leben und Werk des Komponisten Felix Mendelssohn-Bartholdy (Goldschmidtstraße 12; tgl. 10.00–18.00, So. 11.00 Uhr Konzerte im Musiksalon).

Die **Alte Nikolaischule** 7 beheimatet eine **Sammlung zur Automatisierungstechnik** (Nikolaikirchhof 2; Di. und Do. 14.00 bis 17.00 Uhr) und das **Antikenmuseum** der Universität (Nikolaikirchhof 2; Di.–Do., Sa. und So. 10.00–17.00 Uhr).

›Zum Arabischen Coffe Baum‹ 2 ist Leipzigs ältestes Kaffeehaus mit langer prominenter Gästeliste und 500 Exponaten zur Kaffeekultur (Kleine Fleischergasse 4; tgl. 11.00–19.00 Uhr).

Das **Deutsche Kleingärtnermuseum** 14 auf dem Gelände des wohl ältesten deutschen Schrebervereins ist Leipzigs jüngstes Museum (Aachener Straße 7/Ecke Marschnerstraße; Di.–Do. 10.00–16.00 Uhr).

›Merkur und die Bücher‹ nennt sich die Dauerausstellung des **Deutschen Buch- und Schriftmuseums** 18 zur Buchstadt Leipzig (Deutscher Platz 1; Mo.–Sa. 9.00 bis 16.00 Uhr).

Im Ortsteil Gohlis weilte Friedrich Schiller anno 1785 zwar nur einmal, aber es reichte für eine Ausstellung im **Schillerhaus** 12 (Menckestraße 42; Di.–So. 11.00–18.00 Uhr).

Musik und Theater

Musik: Erste Adresse für klanglichen Hochgenuss ist das **Gewandhaus** 8 (Augustusplatz 8, Tel. 0341/1270420, www.gewandhaus.de). Im **Opernhaus** 8 wird modernes Musiktheater gegeben (Augustusplatz 12, Tel. 0341/1261261, www.leipzig-online.de/oper).

Theater: Zum **Schauspielhaus** 1 (Bosestraße 1, Tel. 0341/12680, www.schauspiel-leipzig.de) gehören die intimeren Bühnen ›Neue Szene‹, ›Theater hinterm Eisernen

›Games Convention‹, Leipzigs interaktive Messe

Vorhang‹ und ›Horch und Guck‹ (alle Gottschedstraße 16, Tel. 0341/9804842).

Alternativen zu den herkömmlichen Spielplänen im **LOFFT**, dem Leipziger Off-Theater (Lindenauer Markt 21, Tel. 0341/9804842), beim **›theater fact‹** in Barthels Hof (Hainstraße 1, Tel. 0341/9614080), dem **Kellertheater** (Augustusplatz 12, Tel. 0341/2334422) oder der kirchlich inspirierten **Leipziger Spielgemeinde** mit ihrer Bühne (Otto-Schill-Straße 7, Tel. 0341/9602654).

Kabarett: Ältestes ist die **›Pfeffermühle‹** (Thomaskirchhof 16, Tel. 0341/9603253). Im Dresdner Hof der Kupfergasse treibt das Kabarett **›academixer‹** seine Späße (Tel. 0341/9604848); nicht weit davon müht sich das **›Krystallpalast-Varieté‹**, an die Goldenen Zwanziger anzuknüpfen (Magazingasse 4, Tel. 0341/140660). Außerdem **›Leipziger Funzel‹** im ›Strohsack‹ (Nikolaistraße 6, Tel. 0341/9603232) und **›SanftWut‹** in der Mädler-Passage (Tel. 0341/9612346).

Szene: Eine Verbindung von Kleinkunst, Kino, Theater und Gastronomie bietet die **Schaubühne Lindenfels** (Karl-Heine-Straße 50, Tel. 0341/484620). Leipzigs bekanntester Szene-Treff ist die **Moritzbastei**; in den Ende der 1970er-Jahre von Studenten freigelegten Kasematten gibt es fast jeden Abend Live-Musik (Jazz, Kleinkunst, Vernissagen, im Sommer Theater, Konzerte und Kino auf dem Dach; Universitätsstraße 9, Tel. 0341/7025913, www.moritzbastei.de). Die Karl-Liebknecht-Straße ist die Szenemeile mit Kneipen, interessanten Läden und dem **Kulturzentrum ›naTo‹** (Karl-Liebknecht-Straße 46, Tel. 0341/3915599). Die **Kulturfabrik ›Werk II‹** am Connewitzer Kreuz bietet Jazz, Theater und Feten in Fabrikambiente (Kochstraße 132, Tel. 0341/3080140).

Einkaufen

Ob im Hauptbahnhof oder in den Boutiquen und Spezialgeschäften in den Ladenpassagen – Geld ausgeben ist kein Problem in Leipzig. Interessenten von Designer-Kleidung kommen im Outlet-Center Städtisches Kaufhaus (Neumarkt) auf ihre Kosten.

Souvenirs: Leipziger Reiseandenken bei Bachmann in den Arkaden des Alten Rathauses.

Musik: Leipzigs bester Plattenladen für Klassik und Jazz ist ›opus 61‹ (Nikolaistraße 19).

Antik und Trödel: Märkte einmal im Monat Sa. im Nikolaikirchhof und an jedem letzten So. im Monat am Zentralstadion an der Friedrich-Ebert-Straße.

Veranstaltungen

März: Das ganze Jahr gibt es in Leipzig Veranstaltungen wie **›Leipzig liest‹** (Lesungen während der Buchmesse) oder das **Jazz-Nachwuchsfestival**.

April: ›Tag des Auenwaldes‹ am 16. April.

Mai: **Comic-Tage** und **Kneipenfestival** ›Honky-Tonk‹.

Juni: Viertägige **PopUp-Messe** für Independent Pop, traditionelles **Fockebergrennen** mit Seifenkisten, Kunst und Performance bei **›allerleipzig‹**.

Aug.: **›Classic Open‹** mit Videos klassischer Konzerte auf der Großleinwand am Marktplatz (12 Tage).

Sept.: **Karikatur-Biennale ›Karicartoon‹** (in ungeraden Jahren).

Okt.: Internationales **Festival für Dokumentar- und Animationsfilm**, **Jazztage** und **Lachmesse** mit internationalem Kabarett.

Nov.: **Kneipenfestival** ›Honky-Tonk‹, Lesungen beim **Literarischen Herbst**, **Festival zeitgenössischen Theaters** bei ›euroscene Leipzig‹ (Tel. 0341/9800284, www.euro-scene.de).

Dez.: Festliche Stimmung verbreitet in der Adventszeit ein **Weihnachtsmarkt**.

TIPP

Zu Gast in der Tierwelt

Ein Gastwirt hatte 1878 die Idee, mit der Ausstellung von Tieren Geld zu machen. Heute kostet das Ausstellen auf dem 22,5 ha großen Areal mehr, als es einbringt. Denn der Leipziger Zoo 13 hat das ehrgeizige Ziel, seinen Tieren eine möglichst artgerechte Umgebung zu gestalten. ›Pongoland‹, die weltweit größte Menschenaffenanlage, ist das beste Beispiel dafür: ein künstlicher Dschungel, in dem sich Gorillas, Schimpansen, Orang-Utans und Bonobos auch vor den Menschen verstecken können. Durch die Savannenlandschaft kann man mit dem Jeep an Nashorn, Zebra und Giraffe vorbeifahren (Pfaffendorfer Straße 29, Tel. 0341/5933500, www.zoo-leipzig.de; Mai–Sept. tgl. 9.00 bis 19.00, sonst bis 17.00 Uhr).

Verträumt mit Vergangenheit

Manchem ist erst durch die Bilder der ›Jahrhundertflut 2002‹ bewusst geworden, wie schön es im Norden Sachsens ist. Vielleicht liegt es an August dem Starken, der mit seinen prächtigen Residenzen das Bild des Freistaates prägte. Dabei hatten sich lange vor ihm bereits etliche Fürsten ihre Burgen entlang der Mulde gebaut. Und selbst die kleinsten Orte warten mit ansehnlichen Marktplätzen auf, umringt von frisch getünchten gotischen, Renaissance- und Barockensembles.

Das Kohrener Land bei Rochlitz ist noch von Natur und Landwirtschaft geprägt.

▲ *Schloss Hartenfels und die Wasserstraße Elbe*

▼ *Totholzbiotop in der Dübener Heide*

▲ *Beschwört Ritterzeiten: Portalwappen von Schloss Hartenfels*

▲ Bockwindmühlen bei Authausen östlich Bad Düben ▼ ›Torgauer Geharnischte‹: mit Spaß dabei

Die Zeiten, da man sich in der Dübener Heide vor Räubern fürchten musste, sind längst vorbei. Dennoch gelangte einer durch Heinrich von Kleist zu literarischen Ehren. Zwar hieß er in Wahrheit Hans Kohlhase und war ein Kaufmann aus Berlin. Aber dass er acht Jahre lang durchreisende Adlige in der Heide überfiel und sogar Amtsstuben ausraubte, stimmt; auch dass er sogar Martin Luther auf Trab gebracht hat, bei einem letztlich erfolglosen Vermittlungsversuch. Und dass die Verwandlung vom Kaufmann zum Dieb ihren Ausgang im Dorfkrug zu Wellaune nahm, nahe bei Bad Düben, wo er sich mit einem Junker von Zaschwitz darüber in die Haare geriet, wer wem die Pferde gestohlen hatte.

Nach den Räubern sind auch die Pechsieder, Köhler und Torfstecher aus der Dübener Heide verschwunden. Dafür kommen immer mehr Städter, die hier Erholung suchen. Das 2000 Quadratkilometer große Naturschutzgebiet bietet auf einem ausgedehnten Netz von Wanderwegen genügend Möglichkeiten, mit dem Roten Milan oder dem Elbebiber Bekanntschaft zu machen.

Spuren der Geschichte

Auch das königlich-sächsische Jagdrevier in den Wäldern um Dahlen ist längst zum Erholungsgebiet für jedermann geworden. Wer nach geschichtsträchtigen Orten sucht, muss ans Elbufer bei Torgau fahren. Fast 150 Jahre lang war dies die Residenz der sächsischen Kurfürsten, die sich mit Schloss Hartenfels dort einen der schönsten Bauten der Frührenaissance in Deutschland genehmigten. Die Schlosskapelle wurde als erste evangelische Kirche überhaupt von Martin Luther persönlich geweiht.

Zu Füßen des Schlosses fand am 25. April 1945, wenige Tage vor Ende des Zweiten Weltkrieges, eine denkwürdige Begegnung amerikanischer und sowjetischer Truppen statt: Über den Trümmern der von den Deutschen bei ihrem Rückzug zerstörten Elbebrücke reichten sie einander die Hände. Einige Kilometer stromaufwärts bei Strehla hat sich im übrigen Gleiches ereignet – ein Vergleich der beiden Denkmäler ist durchaus reizvoll.

▲ Kohren-Sahlis: im Töpferhaus Arnold

▲ Vom Rochlitzer Berg ergibt sich ein weiter Blick in ein buntes Land

▼ Fischer auf dem Horstsee bei Wermsdorf

▲ 200 Jahre in Betrieb: Sägemühle Thallwitz ▼ Eine Vase entsteht: Töpfern in Kohren-Sahlis

Fluss mit Gestaltungskraft

Wäre die Mulde ein gemütliches Flüsschen, dann hätte sie sich aus dem mittelsächsischen Bergland nicht so abwechslungsreiche Täler gegraben. Mal eng und schmal mit steilen Wänden und bewaldeten Hängen, mal breit und flach, von satten Wiesen gesäumt. In den Auen lassen sich heute bequem mit dem Fahrrad die Orte erkunden, wo Katharina von Bora Nonne war, bevor sie Luthers Frau wurde. Oder, wenige Kilometer entfernt, der englische Landschaftsgarten von Georg Joachim Göschen, dem Verleger der deutschen Klassiker. In seinem Sommerhaus in Hohnstädt bei Grimma trafen sich die literarischen Größen der Wende vom 18. zum 19. Jahrhundert gerne zum Plausch auch mit dem Lektor Johann Gottfried Seume, der selbst mit dem ›Spaziergang nach Syrakus‹ literarischen Lorbeer ernten konnte.

SPECIAL

Selten geworden: der Biber

Der Elbebiber galt lange als gefährdet, weil Menschen ihn wegen seines wasserundurchlässigen Fells erbarmungslos gejagt haben. Doch heute lässt man ihn in den Naturschutzgebieten in Ruhe. In der Dübener Heide leben rund 400 Exemplare der possierlichen Gesellen, die sich unermüdlich und erfindungsreich als Bauherren komplizierter Staudämme und Burgen betätigen. Bis zu einem Meter lang und 20 bis 30 Kilogramm schwer werden die Pflanzenfresser. Im Sommer knurpseln sie an Schilf und frischen Gehölztrieben, als Wintervorrat fällen sie Weiden, Espen und Stieleichen, die sie im Schutz der Dämmerung zu ihrer Behausung schleppen. Bei Gefahr im Verzug klatschen die Biber zur Warnung ihrer Artgenossen mit dem Schwanz aufs Wasser, bevor sie auf Tauchstation gehen. Sie leben in Familienverbänden – allerdings dauert die Kindheit bei castor fiber nur zwei Jahre; dann werden die Jungen aus der Kolonie vertrieben, um selbst für Nachwuchs zu sorgen.

Von Burg zu Burg

Wer sämtliche Schlösser und Burgen entlang der Mulde sehen wollte, hätte eine Menge zu tun. Aber es lohnt sich; denn in

▲ *Schloss Colditz, ehemaliges Kriegsgefangenenlager*

▲ *Biedermeier im Göschenhaus bei Grimma*

▼ *Hier geht es um Obstsaft: Höfgen*

▼ *Hochrepräsentativ: das Rathaus von Grimma*

▲ Wurzen: Hier residierte einst die königliche Post

den letzten Jahren hat Sachsen gewaltige Anstrengungen unternommen, um die alten Adelssitze zu erhalten und für Besucher zugänglich zu machen. Örtliche Vereine tun das Ihre, um mit außergewöhnlichen Veranstaltungen für ihre Kulturschätze Aufmerksamkeit zu erregen. So kann man im tausendjährigen Schloss Rochlitz bei der Mystischen Filmnacht den Herren Dracula und Frankenstein begegnen – Kammermusik und Kleinkunst sind allerdings auch im Programm. Und bei Licht betrachtet, erweist sich die große Schlossküche als gut durchdachter Arbeitsraum. Auf der Rochsburg tanzen die Feen, und im Schloss Colditz ist die unerschöpfliche Phantasie vornehmlich britischer Kriegsgefangener aus den Tagen des Zweiten Weltkrieges dokumentiert, die sich mit Konservendosen ein Tunnelnetz zur Flucht gegraben hatten.

SPECIAL

Rochlitzer Porphyr

Rot leuchtet er, zarte, weißliche Adern durchziehen den ›sächsischen Marmor‹. Der Rochlitzer Berg war einmal ein Vulkan, dessen Lava sich zu einer 80 bis 100 Meter starken Tuffschicht verdichtet hat. Funde in bronzezeitlichen Gräbern belegen, dass Porphyrsteine seinerzeit zum Mahlen von Getreide verwendet wurden. Später besann man sich auf die Schönheit des Materials: Seit dem 9. Jahrhundert wird es in Kirchen, Brücken, Schlössern, Mühlen und Toren verbaut. Mit zunehmendem privaten Reichtum durch Handel schmückten sich auch sächsische Bürgerhäuser gern mit Portalen, Erkern und Treppen aus Porphyr. Aber auch in den Stützpfeilern des Brandenburger Tores ist er gegenwärtig – und auf manchem Sportplatz, als Aschenbahn.

▲ Ohne Tempelchen kein Landschaftspark: Machern

▼ Großzügig: Burgküche auf Rochlitz

Dagegen wirkt Burg Gnandstein im Kohrener Land geradezu verschlafen. Über Jahrhunderte gut gepflegt, glänzt sie mit einer kostbar bestückten spätgotischen Kapelle und barockem Mobiliar. Die Bodenfliesen stammen aus der Region. Denn im Kohrener Land sind die Töpfer zu Haus – rund um den Töpferbrunnen von Kohren-Sahlis ist dieses alte Handwerk noch zu finden.

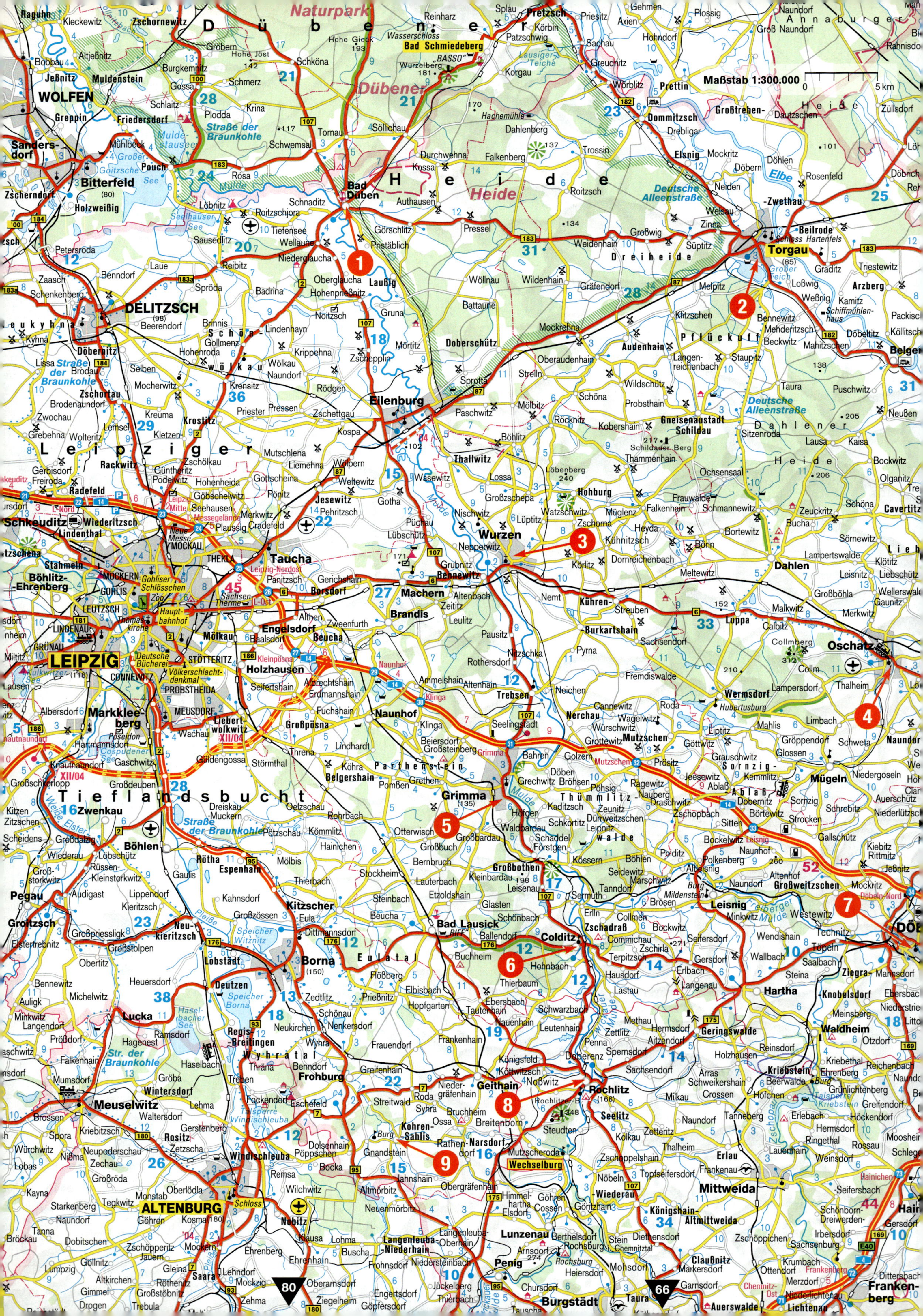

Maßstab 1:300.000
0
5 km
Naturpark
Dübener Heide
Bad Schmiedeberg
Bad Düben
Torgau
Dreiheide
Pflückuff
Dahlener Heide
Deutsche Alleenstraße
Straße der Braunkohle
WOLFEN
Bitterfeld
DELITZSCH
Eilenburg
Leipziger Tieflandsbucht
Schkeuditz
LEIPZIG
Taucha
Machern
Brandis
Wurzen
Oschatz
Wermsdorf
Mügeln
Dahlen
Schildau
Markkleeberg
Naunhof
Grimma
Colditz
Bad Lausick
Leisnig
Großweitzschen
Zwenkau
Böhlen
Pegau
Borna
Frohburg
Geithain
Rochlitz
Wechselburg
Lucka
Meuselwitz
ALTENBURG
Penig
Lunzenau
Burgstädt
Mittweida
Waldheim
Hartha
Geringswalde
Kriebstein
Frankenberg
1
2
3
4
5
6
7
8
9
80
66

Infos

Burg Kriebstein südl. v. Döbeln

Bad Düben 1

›Gesund durch Wasser‹ ist das Motto der Kurstadt (10 000 Einw.), bekannt für Badekuren und Naturmoorheilbäder.

Sehenswert: Die 1000-jährige **Burg** an der Muldebrücke, 981 erstmals als Wehranlage erwähnt, beherbergt das **Landschaftsmuseum Dübener Heide** mit Geschichte von der slawischen Besiedlung bis zur preußischen Garnison und altem Handwerk (Neuhofstraße 3; Di.–Do. 9.30–16.00, Fr. 9.30 bis 12.00, Sa. 13.00–16.00, So. 10.00–16.00 Uhr). Im Burggraben liegt die älteste erhaltene **Schiffsmühle** Deutschlands (Urspr. um 1560). Die ehem. Burgwartskirche St. Wenzeslaus nennt sich heute **›Goldener Löwe‹** und ist eine gemütliche Burgschenke mit ausgezeichneter Küche und Hotel. An der klassizistischen **Nikolaikirche** mit quadratischem Backsteinturm (Gustav-Adolf-Straße) zwei Gedenksteine: Schwedenkönig Gustav Adolf schloss 1631 hier sein Bündnis mit Kurfürst Johann Georg von Sachsen; 1813 übernachtete General Blücher auf dem Weg zur Völkerschlacht in Bad Düben. **Kurpark** mit modernen Kuranlagen (Heide-Spa, Bitterfelder Straße 42, 04849 Bad Düben, Tel. 034243/33633, www.heidespa.de).

Umgebung: Die **Dübener Heide** ist ein 1000 km² großer Naturpark, Heimat für viele Vogelarten, Wild und Biber. Die Naturparkverwaltung organisiert thematische Wanderungen und Führungen (Info: Tourismusverband Dübener Heide).

Bad Schmiedeberg (12 km nordöstl.) präsentiert Jugendstil-Kurhaus, Renaissance-Rathaus und spätgotische Hallenkirche. Die **Köhlerei Eisenhammer** (5 km nördl. an der B 2) stellt Holzkohle her (Krinaer Straße 14, 06774 Tornau, Tel. 034243/24545).

Eilenburg (18 km südl.) war im 19. Jh. Zentrum der preußischen Textilindustrie. Vom Sorbenturm (10. Jh.) hat man einen weiten Blick ins Land (Mi.–So. 10.00–12.00 und 13.00–17.00 Uhr). Wieder aufgebaut wurde das Renaissance-Rathaus (bis 1949). An der dreischiffigen Nikolaikirche (15. Jh.) erinnert eine Gedenktafel an den Pfarrer Martin Rinckart, der zum 100. Jahrestag der Augsburger Konfession (1530) den Choral ›Nun danket alle Gott‹ geschrieben hatte. 2004 wird das ehem. Gasthaus ›Roter Hirsch‹ (1562) als Stadtmuseum zugänglich sein.

ⓘ Stadtinformation, Paradeplatz 19,
04849 Bad Düben, Tel. 034243/52886,
Fax 034243/52887;
Tourismusverband Dübener Heide,
Markt 1, 06901 Kemberg, Tel./Fax 034921/20391, www.duebenerheidetourist.de

Special

Stadt der Schildbürger

Um die zweifelhafte Ehre, Geburtsstadt der Schildbürger zu sein, streiten sich zwar einige Orte. Aber in Schildau, am Rand der Dahlener Heide zwischen Torgau und Wurzen, ist man sich ganz sicher: Die ›Streiche der Bürger zu Schilda‹ hat 1597 ein Amtshauptmann aus einem Nachbarort zu Papier gebracht! Was einst ein Racheakt war und zur Verärgerung beitragen sollte, wird heute stolz präsentiert: Auf einem Rundgang berichten zwölf Bildtafeln von den beschriebenen Großtaten der Bürger. Und auch im kleinen Schildbürger-Museum werden die kuriosen Geschichten der Leute von Schilda(u) nacherzählt (Marktstraße 14, 04889 Gneisenaustadt Schildau, Tel. 034221/622311, www.schildbuerger.de).

Torgau 2

973 erwähnt, erlangte die Stadt (19 000 Einw.) im 16. Jh. als sächsische Residenz ihre größte Bedeutung. In der Altstadt stehen mehr als 600 Einzeldenkmäler, hauptsächlich aus Renaissance und Barock.

Sehenswert: Am Marktplatz das **Rathaus** (Renaissance, 1563–1579) mit reich verziertem Runderker, dahinter die 1995 wieder aufgebaute **Nikolaikirche** mit zwei als ›Bischofsmützen‹ bezeichneten Türmen. Mohrenapotheke (1503), Bürgerhäuser aus dem 16. und 17. Jh. Die Stadtkirche **St. Marien** ist eine spätgotische Hallenkirche mit noch romanischem Westflügel (12.–16. Jh.; ›Vierzehn Nothelfer‹ von Lucas Cranach d. Ä., Grabstein Katharina von Boras). Das Sterbehaus von Luthers Ehefrau Katharina von Bora (1499–1552) zeigt restaurierte Wohnräume mit kleiner Ausstellung in der Katharina-Luther-Stube (Katharinenstraße 11; Di.–So. 10.00–12.00 und 14.00–17.00, Nov.–April 11.00–16.00 Uhr).

Schloss Hartenfels: Die Vierflügelanlage mit Innenhof im Stil italienischer Frührenaissance war 1485–1623 Residenz der sächsischen Kurfürsten; am Johann-Friedrich-Bau der reich ornamentierte **Große Wendelstein** (Treppentum, 1536). Die 1543/1544 erbaute **Schlosskapelle** gilt als erster evangelischer Kirchenbau Deutschlands (›schwebende Kanzel‹); der Altar wurde entsprechend Luthers Wünschen als schlichter, von vier Engeln getragener Tisch gestaltet. Im linken Schlossflügel das **Museum zur Stadt- und Festungsgeschichte** (Schloßstraße 27; Di. bis So. 9.30–12.00 und 13.00–16.30 Uhr).

Am Elbufer erinnert in Schlossnähe das **Denkmal der Begegnung** an den historischen Handschlag von sowjetischen und US-amerikanischen Soldaten zwei Wochen vor Ende des Zweiten Weltkrieges. Die geschichtsträchtige Brücke ist kurioserweise noch in den 1990er-Jahren endgültig beseitigt worden.

ⓘ Informations-Center, Schloßstraße 11,
04860 Torgau, Tel. 03421/712571,
Fax 03421/710280, www.tic-torgau.de

Wurzen 3

Der Geburtsort von Joachim Ringelnatz wurde 961 erstmals erwähnt. 1489–1581 Bischofssitz, war die Kreisstadt (heute 16 000 Einw.) im 19. Jh. mit Nahrungsmittel- und Textilindustrie, Metallverarbeitung und Maschinenbau zu wirtschaftlicher Blüte gelangt.

Sehenswert: In der malerischen Altstadt, deren **Markt** vor dem 13. Jh. angelegt wurde, rekonstruierte Gebäude des 17. und 18. Jh., der **Ringelnatzbrunnen** und das **Alte Rathaus**, 1803 in seiner heutigen Form entstanden. Hinter dem Rathaus die spätgotische Stadtkirche **St. Wenceslai** mit begehbarem Turm (Wenceslaikirchhof 2; April–Okt. So. 14.00 bis 17.00 Uhr und nach Absprache Besichtigung der Türmerwohnung, Tel. 03425/90500). Der Dom **St. Marien** (1114 geweiht) erhielt durch mehrere Umbauten barocke und neugotische Elemente (zuletzt 1931/1932 durch Georg Wrba). Nördl. das spätgotische **Schloss**, 1491–1497 unter Baumeister Arnold von Westphalen als Bischofssitz errichtet (heute Polizeirevier). An der Postmeilensäule vorbei, in der Straße Crostigall das Posttor zur ehem. **Posthalterei** (sächsisches Doppelwappen, 1734); im benachbarten barocken Haus Nr. 14 wurde Joachim Ringelnatz geboren.

Museum: Im Alten Rathaus die **Städtische Galerie** mit Ausstellungen zeitgenössischer Kunst sowie Kleinkunstveranstaltungen (Markt 1; Mi., Sa. und So. 14.00–17.00 Uhr). Das bedeutendste Renaissance-Gebäude der Stadt (1668) beherbergt das **Kulturgeschichtliche Museum** mit Ringelnatz-Sammlung (Domgasse 2; Mi. und So. 10.00 bis 17.00, Do., Fr. und Sa. 14.00–17.00 Uhr).

Umgebung: Im Umland bieten sich die Schlösser **Nischwitz** (4 km nordw.) und **Machern** (10 km westl.) mit barocken und romantischen Landschaftsgärten als Ausflugsziele an. Seit über 200 Jahren sorgt Wasserkraft unverändert für den Antrieb der Sägemühle in **Thallwitz** (Mühlenstraße 32; 10 km nördl.).

ⓘ Tourist-Information, Markt 5,
04808 Wurzen, Tel. 03425/926000,
Fax 929424, www.wurzeninformation.de

Oschatz ④

1238 erwähnt, bescherten Tuchmacher und andere Handwerker der Stadt (heute 19 000 Einw.) im späten Mittelalter einigen Wohlstand.

Sehenswert: Am quadratischen Neumarkt stehen noch Renaissance-Bürgerhäuser; das **Rathaus** an der Westseite wurde nach einem Brand 1842 nach Plänen von Gottfried Semper wieder aufgebaut. Im **Ratsarchiv** liegt Eike von Repgows ›Sachsenspiegel‹, das im 13. Jh. aufgeschriebene Rechtsbuch (nur bei Stadtführungen zu besichtigen). Seit 1589 ziert ein **Brunnen** mit vier toskanischen Säulen den Markt. Zwei erhaltene Rundtürme der **Stadtbefestigung** konkurrieren mit den beiden 75 m hohen Türmen der neugotischen **Aegidienkirche** (Kirchplatz 5, Tel. 03435/920462, n. Vereinb. Turmbesteigung am Wochenende möglich).

Museum: Ab 1845 wurden in Oschatz Waagen gebaut; das **Stadtmuseum** hat eine ansehnliche Sammlung und die 100-jährige Werkstatt eines Waagenbauers (Frongasse 1; Di.–Fr. 10.00–17.00, Sa. und So. 14.00–17.00 Uhr).

Umgebung: Die 160 km² große hügelige Waldlandschaft **Dahlener Heide** (8 km nordw.) zwischen Elbe und Mulde ist Landschaftsschutzgebiet (ausgeschilderte Wanderwege). Der rund 90-jährige ›**Wilde Robert**‹ schnauft an Wochenenden für Touristen die 18 km lange Schmalspurstrecke über Mügeln nach Kemmlitz (Döllnitzbahn, Oschatzer Str. 2a, 04769 Mügeln, Tel. 034362/32343, www.wilder-robert.de).

ⓘ Oschatz-Information, Neumarkt 2,
04758 Oschatz, Tel./Fax 03435/970242,
www.stadt-oschatz.de

TIPP

Mühlenparadiese

Die Mühlendichte und -vielfalt im Sächsischen Burgen- und Heideland ist bemerkenswert. Ob Bockwindmühle, Sächsische Turm- oder Paltrockwindmühle, ob Wasser- oder Motormühle, was seit dem 11. Jh. erhalten geblieben ist, wird gepflegt. Am Pfingstmontag heißt es in Sachsen traditionell ›Glück zu‹ zum Deutschen Mühlentag. Doch auch sonst sind die technischen Denkmale nach Absprache zu besichtigen. Der Tourismusverband ›Sächsisches Burgen- und Heideland‹ gibt eine Übersicht über alle 47 Mühlen der Region heraus. Auskunft erteilt gern auch der Verein Mühlenregion Nordsachsen (Leipziger Straße 4, 04509 Schönwölkau, Tel. 034208/78730, Fax 034208/78732, www.muehlen-nordsachsen.de).

Aus Rochlitzer Porphyr wurde die Stiftskirche von Wechselburg errichtet

Grimma ⑤

Die Kreisstadt (19 000 Einw.) an der Mulde hat ihren Ursprung in einer Siedlung aus dem 12. Jh. Seit August 2002 ist sie um ein Wahrzeichen ärmer: Die schöne Muldebrücke, vom Baumeister des Dresdner Zwingers, Matthäus Daniel Pöppelmann entworfen, fiel der Flut zum Opfer.

Sehenswert: Das Renaissance-**Rathaus** (1538 bis 1585) ist Blickfang am Markt. Der Leipziger Buchhändler und Verleger Georg Joachim Göschen (1752–1828) zog 1797 mit seiner Druckerei hierher in das älteste **Haus** (um 1550) mit zweistöckigem Erker aus Porphyr (Markt 11); im Dachgeschoss wohnte sein Lektor Johann Gottfried Seume. Schöne Biedermeier-, Renaissance- und Jugendstilhäuser stehen an der **Langen Straße**.

Über die Hängebrücke an der **Gattersburg** (Hotel-Restaurant mit schönem Blick über die Mulde) gelangt man ans andere Muldeufer. Im Sommerhaus des Verlegers von Goethe, Schiller, Klopstock und Wieland gingen die Dichter ein und aus; das **Göschenhaus** mit englischem Garten und klassizistischem Pavillon direkt an der Mulde gibt als Gedenkstätte diese Salon-Atmosphäre wieder; auf Anmeldung ›Kaffee und Gespräche bei Göschen‹ (Schillerstraße 25, 04668 Grimma-Hohnstädt, Tel. 03437/911118; Di., Do., Sa. und So. 10.00–17.00 Uhr und n. Vereinb.).

Umgebung: Die 5 km zur **Schiffsmühle Höfgen** (südl.) kann man entlang der Mulde laufen oder per Schiff zurücklegen (Abfahrt stdl. an der Gattersburg, Ende März–Anf. Nov. 10.00 bis 18.00 Uhr). Die Wassermühle von 1721 mahlte bis 1954 Getreide; heute Schauanlage (Dorfstraße 8, 04668 Höfgen; April–Okt. tgl. 10.00–17.00 Uhr). Das schwimmende Schaufelrad der Schiffsmühle treibt heute die Pumpe für den Springbrunnen im nahen Jutta-Park in Kaditzsch an; Aussichtsturm (tgl. 10.00 bis 18.00 Uhr). Ein Ensemble aus Handwerksmuseum, Kunst-Galerie und Café ist die **Denkmalschmiede Höfgen-Kaditzsch** in einem Vierseitenhof (17./18. Jh.; Teichstraße 12; Sa., So. und Fei. 13.00–17.00 Uhr). Von Höfgen aus ist mit der Fähre (oder über die B 107) die Ruine des 1285 gegründeten **Klosters Nimbschen** zu erreichen, aus dem Ostern 1523 neun Nonnen in Heringsfässern versteckt flüchteten, darunter die spätere Frau Martin Luthers.

ⓘ Fremdenverkehrsamt, Markt,
04668 Grimma, Tel. 03437/9858285,
Fax 03437/9858288, www.grimma.de

Colditz ⑥

Das 6000-Einw.-Städtchen ist durch Steingutproduktion und das ehem. Kriegsgefangenenlager für alliierte Offiziere bekannt geworden.

Sehenswert: Am kleinen Marktplatz stehen Renaissance-Bauten wie **Rathaus** und Stadtbrauerei. Im **Stadtmuseum** eine Spindeltreppe aus Rochlitzer Porphyr; neben Stadtgeschichte und Colditzer Porzellan wechselnde Ausstellungen (Tiergartenstraße 1; Di.–So. 10.00–16.00 Uhr). Die 1046 erwähnte **Burg** wurde nach einem Stadtbrand im 16. Jh. zum kursächsischen Jagdschloss umgebaut; nach wechselnder Nutzung war es schließlich

Auf dem Topfmarkt in Kohren-Sahlis

Militärgefängnis für westalliierte Offiziere (1940–1945). Über spektakuläre Fluchtversuche informiert das Fluchtmuseum im Schloss (tgl. 10.00–17.00 Uhr; nicht alle Räume sind zugänglich, daher besser zu Führungen anmelden).

ⓘ Fremdenverkehrsamt An der Kirche 1, 04680 Colditz, Tel./Fax 034381/43519, www.fremdenverkehrsamt-colditz.de

Döbeln 7

Im Talkessel der Mulde gelegene, 981 gegründete Schuhmacherstadt. Durch Brände und Kriege wurde die mittelalterliche Substanz vernichtet.

Sehenswert: Die **Nikolaikirche**, mit 11 m hohem Altar, wurde nach 1479 zur spätgotischen Hallenkirche umgebaut. Am Niedermarkt steht der **Stiefelbrunnen** mit 2,30 m hoher Bronzeplastik (2001), ein Denkmal für alle Handwerker, das an die Herstellung des weltgrößten Stulpenstiefels erinnern soll; das Original, 1925 zum 600-jährigen Jubiläum der Döbelner Schuhmacherinnung mit einer Schafthöhe von 3,70 m hergestellt, ist auf Burg Mildenstein zu sehen.

Umgebung: Auf einem 60 m hohen Porphyrfelsen nahe dem Markt der Stadt Leisnig (10 km westl.) thront seit 1046 die ausgedehnte Anlage der **Burg Mildenstein**; als Wehranlage veraltet, wurde sie kurfürstliches Amtsgericht und nach dem Zweiten Weltkrieg bis 1952 zum Gefängnis. Interessant sind die Kapelle mit dreiflügeligem Altar (um 1500), der für Ausstellungen genutzte Kornboden mit filigranem Gewölbe aus Holzbalken und das Museum mit Waffensammlung (Burglehn 6; April–Okt. Di.–So. 9.00–17.00, sonst Di.–Fr. 9.00–16.00, Sa. und So. 9.00–17.00 Uhr). **Kloster Buch** mit romanischen und gotischen Stilelementen wurde 1192 von Zisterziensermönchen gegründet; die bis 1994 als landwirtschaftlicher Betrieb genutzte Anlage wird rekonstruiert. Jeden 2. Sa. gibt es dort einen Bauernmarkt, außerdem Feste und auch Rockkonzerte (Tel. 034321/12120, Führungen April–Okt. Sa. und So. 14.30 Uhr).

ⓘ Döbeln-Information, Obermarkt 1, 04720 Döbeln, Tel. 03431/579161, Fax 579162, www.doebeln.de

Rochlitz 8

Die heutige 7400-Einw.-Stadt war im 16. und 17. Jh. Residenz einer Nebenlinie der Wettiner. Vom Aussichtsturm auf dem Rochlitzer Berg sieht man die Steinbrüche des roten Porphyr.

Sehenswert: Am **Markt** stehen das klassizistische **Rathaus** und Wohnhäuser des 17., 18. und 19. Jh. Hinter der spätgotischen **Petrikirche** das **Schloss**, bis 1611 Residenz; im Museum Ausstellung zur Geschichte, Burgküche, Schlosskapelle und Herzoginstube, Folterkammer, Wehrgänge und Burgkeller (Sörnziger Weg 1; April–Okt. Di.–So. 9.00 bis 17.00 Uhr, Nov.–März nur Mo.–Fr.). Die spätgotische **Kunigundenkirche** besitzt einen dreiflügeligen Hochaltar (1513) aus der Cranach-Werkstatt; zwei Tonplastiken (um 1430) gelten als die ältesten in Sachsen (Leipziger Straße 26; tgl. 10.00–17.00 Uhr).

Umgebung: 8 km weiter südl. steht auf steilem Berg die mittelalterliche **Rochsburg** (um 1170 und 16. Jh.) mit Bergfried, Kemenate und Brunnenhäuschen aus dieser Zeit, Barock-, Rokoko- und Empireräumen (April–Okt. Di. bis So. 10.00–17.00, sonst bis 16.00 Uhr). Dominierend erhebt sich der **Rochlitzer Berg** (353 m) mit seinem 27 m hohen Aussichtsturm. Vor 250 Millionen Jahren noch ein Vulkankegel, erstarrten die gewaltigen Glutmassen des Berges zu jenem roten Porphyrtuff, der weit über die sächsischen Landesgrenzen hinaus bekannt ist. Kein zweites Mal in Europa ist er in dieser Ausprägung anzutreffen. Hier in den Porphyrbrüchen kann er an seinem Ursprung und in seiner Natürlichkeit bewundert werden.

Im Tal der Zwickauer Mulde und am Fuß des Rochlitzer Berges liegt **Wechselburg**. Die dreischiffige romanische Pfeilerbasilika (Fertigstellung um 1180) wurde aus Porphyrtuff vom Rochlitzer Berg gebaut. Im Innern der Stiftskirche krönt eine Triumphkreuzgruppe mit überlebensgroßen Holzfiguren den Lettner (um 1230).

ⓘ Tourist-Information, Markt 1, 09306 Rochlitz, Tel. 03737/783222, Fax 03737/783224, www.romu.de

Kohren-Sahlis 9

Am Markt verweist der Töpferbrunnen auf das alteingesessene Handwerk.

Sehenswert: Zwei **Rundtürme** blieben von der altslawischen Siedlung des 10. Jh. Das **Töpfermuseum** ist in einer Original-Werkstatt von 1763 untergebracht (Baumgartenstraße 18; März–Nov. Di.–Fr. 9.30–17.00, Sa. und So. 9.30–12.00 und 13.00–17.00 Uhr).

Veranstaltung: Großer Topfmarkt am So. nach Himmelfahrt.

Umgebung: Vom 33 m hohen Bergfried der **Burg Gnandstein** (westl.) weiter Blick ins Altenburger Land und ins Rochlitzer Muldetal. Spätromanisch blieb der Teil (um 1200) mit Rittersaal, Brunnenhaus und Schildmauer aus dieser Zeit; spätgotisch ist die Kapelle. Burgmuseum zur Geschichte, Sammlung sächsischen Zinns aus vier Jahrhunderten, Gemälde u. a. von Graff und Tischbein (Di.–So. Febr.–Nov. 9.00–17.00, Dez. 10.00–16.00 Uhr, Jan. nur Sa. und So.).

In **Rüdigsdorf** (2 km südl.) steht am Gutshaus mit schönem Park als Teil der Orangerie ein klassizistischer Gartensalon, der Schwind-Pavillon. Moritz von Schwind, bedeutender spätromantischer Freskenmaler, hat ihn mit Szenen aus der antiken Sage von Amor und Psyche dekoriert (Mai–Okt. Mi., Do., Sa. und So. 12.30–17.00 Uhr).

ⓘ Fremdenverkehrsverband Kohrener Land, Dorfstraße 20a, 04655 Gnandstein, Tel. 034344/61258, Fax 034344/61613, www. kohren-information.de

SPECIAL

Joachim Ringelnatz

Der als Hans Bötticher in Wurzen Geborene (1883–1934) hielt es nicht lange in seiner für ihn zu ruhigen Heimatstadt aus. Bereits als Schüler entfloh er und heuerte als Schiffsjunge an – ein Erlebnis, das sich später in seiner literarischen Groteske ›Kuttel Daddeldu‹ (1920) um einen ewig betrunkenen Seemann niederschlug. Durch seinen Absurdes mit Tiefsinn verbindenden Wortwitz in Satire und Groteske wurde er als Mitarbeiter der satirisch-politischen Münchner Zeitschrift ›Simplicissimus‹ und später in Berliner Kabarettkreisen bekannt. Er war aber auch naiver Maler, dessen Bedeutung erst heutzutage gewürdigt wird. Das Gedicht ›Bumerang‹ gehört zu seinen schlichten Weisheiten: War einmal ein Bumerang, / war ein Weniges zu lang. / Bumerang flog ein Stück, / aber kam nicht mehr zurück. / Publikum – noch stundenlang – / wartete auf Bumerang.

Zu Sachsen gehört der Dresdner Stollen

ANREISE

Auto: Die Autobahnen werden immer besser, mit Tempolimits geht man in Sachsen sparsam um. Von Westen her bietet sich die A 4/A 14 bis zur polnischen Grenze an, von Norden die A 13 und von Süden die A 72. Stauquellen sind – wie überall – die großen Autobahnkreuze und die Grenzübergänge.

Bahn: Von der großen Eisenbahntradition Sachsens ist das mit 2 700 km Länge dichteste Schienennetz geblieben – leider nach wie vor von den Sparzwängen der Bahn und technischen Tücken beeinträchtigt. Dafür bietet die Bahn im Regionalverkehr Vergünstigungen für Urlauber an, wie das ›Sachsenticket‹ für Tagesausflüge. Oder zur Erkundung der Grenzregionen das EgroNet, mit dessen Fahrscheinen man den Nahverkehr in Sachsen, Bayern, Thüringen und Böhmen nutzen kann, Fahrradtransport und Vergünstigungen bei Eintrittspreisen inklusive (Information bei der Tourismus- und Verkehrszentrale Vogtland, Tel. 03744/19449, Fax 03744/830240, und unter www.bahn.de/sachsen). Bequem ist die **nächtliche Anreise** nach Dresden und Leipzig mit der CityNightLine ›Semper‹ von Zürich, Basel, Freiburg, Offenburg, Karlsruhe, Mannheim und Frankfurt/Main (Info: Tel. 01805/213421 oder www.citynight line.ch). Aus dem Rhein-Ruhr-Gebiet, Bayern und Baden-Württemberg gelangt man mit dem DB NachtZug nach Sachsen (Info: Service-Tel. 01805/141514 oder www.dbnachtzug.de).

Flugzeug: Die internationalen Flughäfen in Dresden/Klotzsche (Tel. 0351/8813665) und Leipzig/Halle (Tel. 0341/2240) sind erweitert und zu modernen Verkehrsknotenpunkten ausgebaut worden; sie werden mittlerweile auch von kostengünstigen Airlines angesteuert. Bus- und Bahnshuttles bringen den Reisenden zügig in die Innenstädte.

AUSKUNFT

Überregional über Ziele, Veranstaltungen, Unterkünfte etc.: **Tourismus Marketing Gesellschaft Sachsen**, Bautzner Straße 45, 01099 Dresden, Tel. 0351/491700, Fax 0351/4969306, www.sachsen-tourismus.de. Informativ und mit vielen Links ist **www.sachsen.de**, die Internetpräsentation des Freistaates.

Regional: Tourismusverband Sächsisches Elbland, Niederauer Straße 26, 01662 Meißen, Tel. 03521/76350, Fax 03521/763540, www.saechsisches-elbland.de. **Tourismusverband Sächsisches Burgen- und Heideland**, Niedermarkt 1, 04736 Waldheim, Tel. 034327/9660, Fax 034327/96619, www.saechsisches-burgenland.de. **Tourismusverband Erzgebirge**, Adam-Ries-Straße 16, 09456 Annaberg-Buchholz, Tel. 03733/188000, Fax 03733/1880030, www.tourismus-erzgebirge.de. **Tourismusverband Vogtland**, Friedrich-Ebert-Straße 21a, 08209 Auerbach, Tel. 03744/ 188860, Fax 03744/1888659, www.vogtlandtourist.de. **Tourismusverband Sächsische Schweiz**, Am Bahnhof 6, 01814 Bad Schandau, Tel. 035022/4950, Fax 035022/49533, www. saechsische-schweiz.de. **Tourismusverband Oberlausitz-Niederschlesien**, Taucherstraße 23, 02625 Bautzen, Tel. 03591/48770, Fax 03591/487748, www.oberlausitz.com. **Tourismusverband West-Sachsen/Zwickau**, Herschelstraße 5, 08056 Zwickau, Tel. 0375/293711, Fax 0375/293710, www.tourismus-westsachsen.de.

CAMPING

Campingplätze gibt es in den unterschiedlichsten Kategorien, vor allem an Talsperren und im Erzgebirge inmitten von Freizeitanlagen mit vielfältigen Angeboten (Info über Tourismus Marketing Gesellschaft Sachsen, s. ›Auskunft‹).

ESSEN & TRINKEN

Zur sächsischen Gemütlichkeit gehört unbedingt bodenständiges Essen wie die köstliche Kartoffelsuppe oder Sauerbraten mit Klößen – entweder böhmischer Machart, dann sehen sie aus wie Brotscheiben, oder als ›grüne‹, also rohe Klöße. Das in vielen Großküchen zu Matsch zerkochte ›Leipziger Allerlei‹ ist in Wahrheit ein feines Gericht mit frischem Gemüse. In der Oberlausitz isst man Karpfen, Forelle, Zander oder Hecht – am besten mit Meerrettich. Im Erzgebirge lockt die süß-saure ›Fleckerlsuppe‹ mit klein geschnittenem Rindermagen. Dazu trinkt man feinen bis kräftigen sächsischen Wein, Schwarzbier oder Pilsener; Bier hat hier vor allem zwei Namen: ›Radeberger‹ oder ›Wernesgrüner‹.

Süßes ist beliebt als Nachtisch – wie die leider immer seltener frisch zubereiteten Quarkkeulchen aus Kartoffeln, Quark, Mehl, Eiern und Rosinen, die mit Apfelmus und Sahne gereicht werden – oder zum süßen Kaffee: Pulsnitzer Pfefferkuchen, Dresdner Russisches Brot (köstlich mit Zartbitterschokolade) und Eierschecke, ›Leipziger Lerchen‹ aus Mürbeteig mit Nüssen, Mandeln und Konfitüre – und natürlich der weltweit geschätzte Dresdner Christstollen, in Sachsen ›Striezel‹ genannt.

Die Geschichte des Weinanbaus in Sachsen begann vor etwa 1000 Jahren, als Heinrich I. in Meißen rings um seine Burg Weinberge anlegen ließ. Bis nach Pirna reicht das Anbaugebiet heute. Die vielen Geschichten, die sich um den Wein ranken, erfährt man am besten bei den Winzern selbst, die zur Weinlese gern helfende Gäste aufnehmen (Information beim Tourismusverband Sächsisches Elbland). Wie der Rebensaft den Geist anregt, stellen acht Galerien und Museen entlang der Weinstraße im Projekt ›WEINkunst-weinKUNST‹ vor (Kulturlandschaft Hoflößnitz, Tel. 0351/8304205, Fax 0351/8336838).

SPECIAL

Sächsisch für alle

Kleine Mädchen heißen ›Schnecke‹; wenn sie flügge werden, mutieren sie zur ›Kirsche‹, und sollten sie schlechte Laune haben, nennt man sie ›iezsch‹. Weil die Sachsen eine Vorliebe für weiche Laute haben, wird sich der Fremde leicht in die Bedeutung der Adjektive ›babbsch› und ›labbsch‹ hineindenken können – ›dabbsch‹ allerdings ist keine schmeichelhafte Bezeichnung ... Im Übrigen sind sich die Sachsen einig, dass sie keinen einheitlichen Dialekt sprechen. Die Dresdner mit ihrem gepflegten Residenz-Sächsisch lästern über das breite Chemnitzer oder Leipziger Sächsisch, im Lausitzer Bergland rollt man das ›R‹, und die Erzgebirgler und Vogtländer bestehen darauf, eine ganz eigene Sprache zu sprechen. Außerdem ist es ausgesprochen unhöflich und zeugt von Unkenntnis, sich über die einstige Kanzleisprache lustig zu machen, die von Richard Wagner, Martin Luther und vielen anderen Geistesgrößen gesprochen wurde. Wem der Schnabel anders gewachsen ist, bemühe sich tunlichst nicht, den Duktus zu treffen. Zwar gibt es wohlmeinende Ratschläge wie ›den Unterkiefer aushängen und loofen lassen‹ – aber das klingt dann meist auch nicht besser als Schwäbisch oder Hessisch.

DATEN UND FAKTEN

- **Landesnatur:** Sachsens Mittellage sorgt für eine vielfältige Landschaft, die im Norden mit der flachen Leipziger Bucht und der Dahlener und Dübener Heide in die Norddeutsche Tiefebene übergeht. Bis hin zur südöstlichen Mittelgebirgslage – höchste Erhebung ist der Fichtelberg mit 1214 m im Erzgebirge – entfaltet sich das schiefergründige und waldreiche Vogtland. Kleinstes Mittelgebirge des Landes ist das Zittauer Gebirge im Südosten, dessen Sand- und Vulkangestein mit dem des Elbsandsteingebirges korrespondiert, das nach Tschechien hineinreicht. Auf deutscher Seite wird es seit dem 19. Jh. Sächsische Schweiz genannt und ist beliebtes Ziel von Wanderern und Kletterern. Das sonnenverwöhnte Elbtal mit seinen Weinhängen schließt sich Richtung Nordwesten an. Im Osten teilt sich die Oberlausitz in das nördliche Heide- und Teichgebiet, in dem bereits im Mittelalter gefischt wurde, und das Bergland, das sich mit lieblichen Erhebungen um 580 m und undramatischen Tälern begnügt.
  Die 18412 km² Sachsens entsprechen 5,2% der Gesamtfläche Deutschlands und bringen den Freistaat auf Platz 10 der Größenrangliste.
- **Klima:** Sofern nicht gerade Jahrhundertfluten oder -dürren herrschen, hat Sachsen ein mildes Klima, allerdings auch zu normalen Zeiten mit wechselnden Wetterlagen. Das liegt daran, dass hier kontinentales und ozeanisches Wetter zusammentreffen. Ergiebige Regenschauer im Frühsommer sind eher die Regel und kühle, schneereiche Winter relativ häufig. Die durchschnittlichen Sommertemperaturen sind höher als im übrigen Deutschland, und es regnet in den tieferen Lagen seltener.
- **Bevölkerung:** 4,3 Mio. Menschen bevölkern Sachsen. Der Ausländeranteil ist mit 1,7% ausgesprochen niedrig; die nationale Minderheit der Sorben verteilt ihre 40000 Seelen auf Siedlungsgebiete in der Lausitz. Konfessionelle Bindungen sind wegen des verordneten Atheismus der DDR schwach ausgeprägt; etwa 25% der Sachsen sind evangelisch, 4% katholisch. Durch den Zusammenbruch der UdSSR erhielten die drei jüdischen Gemeinden in Dresden, Leipzig und Chemnitz regen Zulauf von Russlanddeutschen und haben sich von 250 auf fast 2000 Mitglieder vergrößert.
- **Wirtschaft:** Die Tradition als Industrieland ist mit dem Niedergang der DDR ins Wanken geraten. Die Beschränkung auf saubere und rentable Produktion hat viele Arbeitsplätze gekostet; doch mit etwa 16% Arbeitslosen steht Sachsen im Vergleich der Ostländer hinter Thüringen noch am besten da. Braunkohle wird nur noch mit neuen Anlagen in der Leipziger Bucht und in der nördlichen Lausitz gefördert. Die Automobilproduktion erlebt mit VW in Mosel und Dresden sowie Porsche und demnächst auch BMW in Leipzig eine neue Blüte. Als High-Tech-Standort ragt Dresden mit den Werken von Infineon und AMD heraus. Ansonsten ist Sachsens Wirtschaft eher mittelständisch geprägt, vor allem durch Zuliefertätigkeit in der Leichtmetallindustrie, und dienstleistungsorientiert. Der Tourismus spielt hier mit 4,7 Mio. Besuchern pro Jahr eine zunehmende Rolle. Die Landwirtschaft dagegen verliert weiterhin an Bedeutung; allerdings zeigen neu aufgerebte Weinberge das wachsende Interesse an den qualitativ stark verbesserten sächsischen Weinen, das allerdings in Deutschlands kleinstem Weinanbaugebiet an natürliche Grenzen stößt. Den lang ersehnten Aufschwung erhoffen sich die strukturschwachen Gebiete an der bisherigen EU-Außengrenze durch die bevorstehende Osterweiterung der Union.

HOTELS (EINE AUSWAHL)

Von Varta-Experten geprüft; weitere Adressen im ›Varta-Führer‹ (im Buchhandel erhältlich).

Preise:

€€€€	Doppelzimmer	über 200 €
€€€	Doppelzimmer	150–200 €
€€	Doppelzimmer	100–150 €
€	Doppelzimmer	50–100 €

Bad Elster: € **Parkhotel Helene**, Parkstraße 33, 08645 Bad Elster, Tel. 037437/500, Fax 037437/5099, www.parkhotel-helene.de. Kur- und Urlaubshotel mit wohnlichen Zimmern und individuellem Charme. 25 Z.

€ **Quellenpark**, Ascher Straße 20, 08645 Bad Elster, Tel. 037437/5600, Fax 037437/56056, www.quellenpark.de. Ruhige Lage, reizvoller Rosengarten, ca. 15 Min. zu Fuß vom Stadtzentrum. 21 Z., 1 App., 1 Suite.

Chemnitz: €€ **Parkhotel**, Deubners Weg 12, 09112 Chemnitz, Tel. 0371/38070, Fax 0371/3807100, www.dorint.de/chemnitz. Modernes Businesshotel. Fitnessraum, Sauna, Solarium. 186 Z., 1 Suite.

€ **Schlosshotel Klaffenbach**, Wasserschlossweg 6, 09123 Chemnitz/Klaffenbach, Tel. 0371/26110, Fax 0371/2611100, www.schlosshotel-klaffenbach.de. Eingebettet ins historische Ensemble des Wasserschlosses. 9-Loch Golfanlage am Hotel. 50 Z., 2 Suiten.

Dresden: €€€€ **Kempinski Taschenbergpalais**, Taschenberg 3, 01067 Dresden, Tel. 0351/49120, Fax 0351/4912812, www.kempinski-dresden.de. Barockpalais in reizvoller Lage gegenüber Schloss, Semperoper und Zwinger. Fitnessraum, Sauna, Solarium, hoteleigenes Hallenbad. 184 Z., 29 Suiten.

€€€€/€€€ **Schloss Eckberg mit Kavaliershaus**, Bautzner Straße 134, 01099 Dresden / Loschwitz, Tel. 0351/80990, Fax 0351/8099199, www.schloss-eckberg.de. Traditionsreicher Herrensitz mit Park. Beachtenswerte Architektur und Einrichtung. Fitnessraum, Sauna, Solarium, 80 Z., 4 Suiten.

€€€ **Bülow Residenz**, Rähnitzgasse 19, 01097 Dresden, Tel. 0351/80030, Fax 0351/8003100, www.buelow-residenz.de. Luxuriös

TIPP

Literaturempfehlungen

Einen knappen, gut lesbaren Einstieg in die Historie bietet Dagmar Schäfers ›Kleine Illustrierte Geschichte Sachsen‹ (Tauchaer Verlag 1998). Handlich, gut aufgemacht und sehr informativ ist die Schriftenreihe ›Sachsens schönste Schlösser, Burgen und Gärten‹ von der Sächsischen Schlösserverwaltung (Edition Leipzig). Wer die Elbe einmal nicht von der Postkartenidylle her erfahren möchte, ist mit dem Buch ›Flusslandschaften. Die Elbe bei Dresden‹ von Volker Helas mit Schwarz-Weiß-Fotografien von Franz Zadnicek gut beraten (Edition Buchhaus Loschwitz). Dramatische Bilder und Geschichten aus den Tagen der großen Flut im August 2002 hat die Sächsische Zeitung in mehreren Bildbänden zusammengefasst, z. B. ›Jahrhundertflut in Sachsen‹ (Dresdner Druck- und Verlagshaus).

ausgestattete Zimmer und hervorragende Hotelleistung. 25 Z., 5 Suiten.

€€€/€€ **Art'otel**, Ostra-Allee 33, 01067 Dresden, Tel. 0351/49220, Fax 0351/4922777, www.artotels.de. Designerausstattung von Denis Santachiara. Skulpturen und, Grafiken von A. R. Penck. 155 Z., 19 Suiten.

Freital: € **Pesterwitzer Siegel**, Dresdner Straße 23, 01705 Pesterwitz, Tel. 0351/6506367, Fax 0351/6506369, www.pesterwitzersiegel.de. 26 Z.

Görlitz: €€ **Sorat**, Struvestraße 1, 02826 Görlitz, Tel. 03581/406577, Fax 03581/406579, www.sorat-hotels.com. Restauriertes Jugendstilgebäude direkt im Stadtzentrum. 46 Z.

€ **Bon-Apart-Hotel**, Elisabethstraße 41, 02826 Görlitz, Tel. 03581/48080, Fax 03581/480811, www.bon-apart.de. Beachtenswerte Einrichtung mit indischen Antiquitäten, Bonapart-Stilmöbeln, und modernen Stahl-Glasmöbeln. 11 Doppelzimmer-Suiten.

SPECIAL

Sachsen sind helle ...

... behaupten sie ohne falsche Bescheidenheit von sich selbst. Und so ganz Unrecht haben sie nicht. Dass der Wafer zur Herstellung von Mikrochips und der 3-D-Bildschirm in Dresden erfunden wurden, mag noch in Erinnerung sein. Doch die jungen Tüftler von heute hatten Vorgänger. Zum Beispiel Karl Louis Krauss aus Schwarzenberg, der 1902 die erste Ganzmetall-Waschmaschine baute und damit vielen Mitmenschen den Weg ins Waschhaus ersparte. Oder Ottomar Heinsius von Mayenburg, der im Mai 1907 auf dem Dachboden der Apotheke am Dresdner Altmarkt die von ihm kreierte Zahnpasta ›Chlorodont‹ in Metalltuben abfüllte – nicht ahnend, dass sich in Zukunft manches Paar über die korrekte Handhabung dieser praktischen Verpackung heillos zerstreiten würde. Die Serienproduktion von textiler Spitze gelang dem Plauener Fabrikanten Theodor Bickel. Die Liebesperlen stammen aus Görlitz und verdanken ihren Namen der Gattin des Süßwarenfabrikanten Rudolf Hoinkis. Und es war ebenfalls eine Frau, die eine nicht mehr wegzudenkende Erfindung für den Haushalt machte: Die Dresdnerin Melitta Bentz schlug mit Hammer und Nagel Löcher in den Boden eines Messingtopfes und legte ein Löschblatt hinein; ihre Kaffeefreundinnen waren begeistert, das Kaiserliche Patentamt zu Berlin gab ihr 1908 die Schutzrechte auf ihre Erfindung – und der Kaffeefilter trat seinen Eroberungszug durch die Welt an.

Sorbische Ostereier sind ein schönes Mitbringsel

Leipzig: €€€€ **Fürstenhof**, Tröndlinring 8, 04105 Leipzig, Tel. 0341/1400, Fax 0341/1403700, www.luxurycollection.com, Klassizistisches Patrizierhaus von 1770 mit gehobener Ausstattung. 80 Z.

€€/€ **Leipziger Hof**, Hedwigstraße 1, 04315 Leipzig, Tel. 0341/69740, Fax 0341/6974150, www.leipziger-hof.de. Denkmalgeschütztes Gebäude in traditionsreichem Leipziger Gründerzeitviertel. Ständige Kunstgalerie im Haus. 72 Z., 4 App., 2 Suiten.

Meißen: €€ **Goldener Löwe**, Heinrichsplatz 6, 01662 Meißen, Tel. 03521/41110, Fax 03521/4111444, www.meissen-hotel.com. Nur wenige Schritte vom Markt entfernt im Kern der hist. Altstadt. 30 Z., 6 Suiten.

€€ **Grand Hotel**, Hafenstraße 27, 01662 Meißen, Tel. 03521/72250, Fax 03521/722904, www.mercure.com. Jugendstilvilla in einem Park an der Elbe mit ruhigen Zimmern und schönem Ausblick auf Dom und Albrechtsburg. Sauna, Solarium, Whirlpool. 92 Z., 5 Suiten.

Oberwiesenthal: €€€/€€ **Sachsenbaude**, Fichtelbergstraße 4, 09484 Oberwiesenthal, Tel. 037348/1390, Fax 037348/139140, www.sachsenbaude.de. Aus Naturstein gebautes Hotel auf dem Gipfel des Fichtelberges, herrliche Aussicht. Tennisplatz, Fitnessraum, Reitmöglichkeit, Beautyfarm, Sauna, Solarium, Whirlpool, hoteleigenes Hallenbad. 31 Z., 16 Suiten.

Oschatz: € **Gasthaus Zum Schwan**, Sporerstraße 2, 04758 Oschatz, Tel. 03435/975300, Fax 03435/975599, www.schwan-oschatz.de. Traditionelles Haus in zentraler Lage am Markt, behaglicher Wohnkomfort. 15 Z.

Pirna: € **Deutsches Haus**, Niedere Burgstraße 1, 01796 Pirna, Tel. 03501/443440, Fax 03501/528104, www.romantikhotels.com/pirna. Hist. Altstadt-Ensemble aus dem 16. Jh.; bemalte Bauernmöbel, Naturholzmobiliar oder Stilmöbel in den Zimmern. 40 Z.

Rochlitz: € **Waldhotel Am Reiterhof**, Kolkauer Straße 25, 09306 Rochlitz/Seelitz, Tel. 03737/42343, Fax 03737/770304, www.waldhotel-am-reiterhof.de. Angrenzende große Reithalle. In der Nähe Stallungen sowie Dressur- und Springturnierplätze. 20 Z., 1 Suite.

Seiffen: €€/€ **Erbgericht Buntes Haus**, Hauptstraße 94, 09548 Seiffen, Tel. 037362/7760, Fax 037362/77660, www.erzgebirgshotels.de. Jedes der Gästezimmer hat seinen eigenen Namen, und passend dazu steht vor jeder Tür eine handgefertigte Holzfigur aus dem Spielzeugdorf. 42 Z.

€€/€ **Wettiner Höhe**, Jahnstraße 28, 09548 Seiffen, Tel. 037362/1400, Fax 037362/14140, www.wettiner-hoehe.de. Geheimtipp am Rande des Spielzeugdörfchens mit Saunalandschaft, Fitnessraum, Solarium, Billardraum, automatische 2-Bahn-Kegelanlage. 59 Z., 6 Suiten.

Jugendherbergen

Mit 49 Herbergen in reizvoller Landschaft steht Sachsen recht gut da. Viele sind modernisiert worden und bieten vielfältigen Service an. Info beim DJH-Servicecenter Sachsen, Maternistraße 22, 01067 Dresden, Tel. 0351/4942211, Fax 0351/4942213, www.djh.sachsen.de.

Musik-Festivals

Es gibt Orte, an denen Musik-Events spektakulärer inszeniert werden, mit teureren Gaststars und modischeren Roben im Publikum. Aber in Sachsen versteht man etwas von Musik, insbesondere von der klassischen. Vorsicht also beim ›name-dropping‹ – das interessiert hier nicht. Und auch international hoch angesehene Sänger und Dirigenten müssen sich den Applaus des kritischen Publikums erst verdienen – standing ovations sind in der Semperoper eine absolute

GESCHICHTE

- **929** König Heinrich I. ließ die Burg Meißen als Stützpunkt errichten. Sie wurde zum Machtzentrum der wettinischen Herrschaft; ab 968 Bischofssitz.
- **1168** Die ersten Silberfunde in Freiberg lösten einen Ansturm auf das Erzgebirge aus, der viele Städte entstehen oder wachsen ließ und den Fürsten die Kasse füllte.
- **1409** Gründung der Leipziger Universität.
- **1423** Das Herzogtum Sachsen-Wittenberg geriet in die Hände von Friedrich dem Streitbaren, der gleichzeitig die Kurwürde erlangt; fortan hieß der Herrschaftsbereich der Wettiner ›Kursachsen‹.
- **1485** Die zerstrittenen Wettiner teilten ihren Besitz: Die albertinische Linie erhielt den Südosten mit Dresden als Residenz, die ernestinische Linie Leipzig, das Gebiet um Torgau und Wittenberg sowie Thüringen.
- **1539** Das albertinische Sachsen wurde evangelisch.
- **1635** Mit dem Prager Frieden fiel die Lausitz an Kursachsen.
- **1694** Friedrich August I. (der Starke) wurde Kurfürst von Sachsen und 1697 König von Polen.
- **1733** Kurfürst Friedrich August II., Sohn und Nachfolger Augusts des Starken, wurde ebenfalls König von Polen; er kümmerte sich gern um die schönen Dinge des Lebens, ließ vom italienischen Baumeister Chiaveri die Hofkirche errichten und sammelte Bilder für seine Galerie. Graf Heinrich von Brühl führte die Regierungsgeschäfte.
- **1754** Die von August aufgebaute Gemäldegalerie erhielt die ›Sixtinische Madonna‹ von Raffael.
- **1763** Als Kriegsherr versagte Friedrich August II. total; das Land wurde im Siebenjährigen Krieg verwüstet. August verlor das Anrecht auf die polnische Krone, blieb aber König von Preußens Gnaden.
- **1813** Völkerschlacht bei Leipzig; die Sachsen standen hinter Napoleon – und gehörten wieder mal zu den Verlierern. Beim Wiener Kongress (1815) musste Sachsen mehr als die Hälfte seines Gebietes abgeben (Lausitz, Nordthüringen, Wittenberg, Torgau, Merseburg, Naumburg).
- **1839** Zwischen Leipzig und Dresden nahm die erste deutsche Eisenbahn-Fernverbindung den Betrieb auf.
- **1849** Soziale Spannungen im früh industrialisierten Sachsen führten zum Dresdner Maiaufstand, an dem sich auch Richard Wagner und Gottfried Semper beteiligten.
- **1863** Ferdinand Lassalle gründete in Leipzig den Allgemeinen Deutschen Arbeiterverein, die Keimzelle der deutschen Sozialdemokratie.
- **1903** Sachsen wurde rot. Bei den Reichstagswahlen gewannen die Sozialdemokraten 22 von 23 Wahlkreisen.
- **1918** Sachsen wurde Republik. Am 13. November dankte der im Volk beliebte König Friedrich August III. ab. Die sächsische Volkskammer rief 1919 den Freistaat Sachsen aus.
- **1945** In der Nacht des 13. Februar legten britische und amerikanische Bomberverbände Dresden in Schutt und Asche.
- **1952** Der Landtag vollzog einen Beschluss der DDR-Volkskammer und löste das Land Sachsen auf. Danach gab es nur noch ›Bezirke‹.
- **1968** Walter Ulbricht ließ die Leipziger Universitätskirche sprengen – und schlug dem nachdenklichen Teil der Bevölkerung damit Wunden, die bis 1989 nicht vernarbten.
- **1978** Sachsen hatte einen Helden: Sigmund Jähn aus Morgenröthe-Rautenkranz flog als erster Deutscher mit einer sowjetischen Rakete ins Weltall.
- **1989** Sachsen hatte Hunderttausende Helden: Nicht nur in Leipzig, sondern auch in Plauen, Dresden und anderen Städten gab es Demonstrationen gegen das DDR-Regime. Aber die Leipziger Montagsdemonstrationen waren die größten.
- **1990** Nach den ersten freien Wahlen in der DDR war das Ende des Staates besiegelt, Sachsen wurde wieder Freistaat; am 6. Juni 1992 trat die neue Landesverfassung in Kraft.
- **2003** Leipzig wurde deutscher Bewerber um die Olympiade 2012.

Rarität. Hier imponiert, wer etwas kann, nicht, wer von sich reden macht. Deshalb sind auch die rund 40 jährlichen Musikfestivals quer durch alle Gattungen zum Teil noch echte Geheimtipps. Bei ›Sandstein und Musik‹ etwa treten exzellente Solisten der Sächsischen Staatskapelle Dresden oder die Virtuosi Saxoniae unter Ludwig Güttler in Kirchen, Schlössern und Steinbrüchen auf. Das Moritzburg-Festival der Kammermusik, die Zwinger-Konzerte, der Lausitzer Musiksommer, das Chemnitzer Mozartfest mit seiner Cross-Over-Struktur, Bach- und Mendelssohn-Tage in Leipzig, das Dixieland-Festival in Dresden oder die Jazz-Club-Atmosphäre beim Leipziger Kneipenspektakel ›Honky-Tonk‹, Chormusik, Orgelwochen, Volksmusikfeste und sogar Akkordeonwettbewerbe sind nur Teil der reichhaltigen Palette an musikalischen Genüssen, die Sachsen zu bieten hat (Info über Tourismus Marketing Gesellschaft Sachsen, s. ›Auskunft‹).

Restaurants (eine Auswahl)

Von Varta-Experten geprüft; weitere Adressen im ›Varta-Führer‹ (im Buchhandel erhältlich).

Preise:

€€€€	Hauptspeisen	über 20 €
€€€	Hauptspeisen	15–20 €
€€	Hauptspeisen	10–15 €
€	Hauptspeisen	5–10 €

Chemnitz: €€€/€€ **Villa Esche**, Parkstraße 58, 09120 Chemnitz, Tel. 0371/2361363, www.villaesche.de. Ansprechende, schmackhafte Küche. Terrasse.

Delitzsch: €€ **Zur Schlosswache**, Schlossstraße 28, 04509 Delitzsch, Tel. 034202/35501. Gutbürgerliche Speisen. Terrasse.

Dresden: €€€€ **Pattis**, Merbitzer Straße 53, 01157 Dresden/Briesnitz, Tel. 0351/42550, www.pattis.net. Ruhetage: So., Mo. Restaurant mit anspruchsvoller Ausstattung und lobenswerter Küchenleistung.

€€€ **Schlossrestaurant**, Hotel Schloss Eckberg, Bautzner Straße 134, 01099 Dresden/Loschwitz, Tel. 0351/80990, www.schloss-eckberg.de. Prachtvoller Blick auf die Dresdner Altstadt, leichte, moderne Küche. Terrasse.

€€€/€€ **Biersaal und Kurfürstenzimmer im Italienischen Dörfchen**, Theaterplatz 3, 01067 Dresden, Tel. 0351/498160, www.italienisches-doerfchen.de. Rustikal-gemütliche Atmosphäre, regionale Küche. Terrasse, Biergarten.

Freiberg: €€€ **Le Bambou**, Obergasse 1, 09599 Freiberg, Tel. 03731/353970, www.weinparadies.de. Ruhetage: So., Mo. Das Ambiente wird von afrikanischen Kunstgegenständen und Skulpturen bestimmt, dazu kreative internationale Küche. Terrasse.

€€€/€€ **Weinhaus Blasius**, Burgstraße 26, 09599 Freiberg, Tel. 03731/22235. Ruhetag: So. Renaissance-Gebäude von 1537 mit nostalgischem Charme.

Görlitz: €€€/€€ **Gutshof Hedicke**, Neißetalstraße 53b, 02828 Görlitz/Ludwigsdorf, Tel. 03581/38000, www.gutshof-hedicke.de. Ruhetag: Mo. Hier speist man unter alten Pferdestall-Gewölben.

€€/€ **Dreibeiniger Hund**, Büttnerstraße 13, 02826 Görlitz, Tel. 03581/423980, www.dreibeinigerhund.de. Originelles Lokal mit regionaler Küche und urig-gemütlichem Flair. Gartenlokal, Biergarten.

Grimma: €€/€ **Zur Wassermühle**, Dorfstraße 10, 04668 Grimma / Höfgen, Tel. 03437/917153. Technische Schauanlage aus dem 19. Jh. Terrasse.

Leipzig: €€€€ **Auerbachs Keller**, Mädlerpassage, Grimmaische Straße 2, 04109 Leipzig, Tel. 0341/216100, www.auerbachs-keller-leipzig.de. Ruhetag: So. Originelle historische Weinstube mit bodenständiger sächsisch-deftiger Küche.

SPECIAL

Die Jahrhundertflut

Der August 2002 wurde zum Schicksalsmonat für Sachsen. Sintflutartige Regenfälle ließen die Bäche im Erzgebirge anschwellen. Was sonst so idyllisch durch die kleinen Städte floss, geriet am 13. August zum reißenden Strom. Die Müglitz raste durch die Uhrenstadt Glashütte, vernichtete Wohnhäuser und den herrlichen Barockgarten von Weesenstein. Die Mulde riss die sorgfältig rekonstruierte Pöppelmann-Brücke in Grimma mit sich und setzte dort die Altstadt unter Wasser. In Dresden überflutete die Weißeritz Hauptbahnhof, Semperoper, Zwinger, Schauspielhaus, und in einer zweiten Welle bahnte sich dann die Elbe ihren Weg durch die Stadt. Im ganzen Land wurden Straßen, Brücken, Eisenbahngleise weggespült. Auf insgesamt 6,2 Milliarden Euro bezifferte Sachsens Staatsregierung die Schäden. Doch die Bilder von den überfluteten Städten, gerade erst mit Mühe wieder aufgebaut oder saniert, lösten eine Welle der Hilfsbereitschaft in der ganzen Welt aus. Die Sachsen krempelten nach dem Schock sogleich die Ärmel auf und machten sich an die Arbeit. Knapp drei Monate nach der Flut hob sich in der Semperoper wieder der Vorhang.

€€€€ **Classico**, Nikolaistraße 16, 04109 Leipzig, Tel. 0341/2111355. Ruhetag: So. Gehobene italienische Küche, sehr gute Weinauswahl, freundlicher Service. Terrasse.

€€€€ **Stadtpfeiffer**, Augustusplatz 8, 04109 Leipzig, Tel. 0341/2178920, www.stadtpfeiffer.de. Ruhetage: Mo., Sa. mittags, So. Anspruchsvolle Gourmetküche im Leipziger Gewandhaus.

Meißen: €€ **Vincenz Richter**, An der Frauenkirche 12, 01662 Meißen, Tel. 03521/453285, www.vincenz-richter.de. Ruhetage: So. abends, Mo. Historisches Gebäude von 1523, seit 1873 Weinstube; Ausstattung mit Antiquitäten. Terrasse, Biergarten.

Moritzburg: €€ **Räuberhütte**, An der Räuberhütte 1, 01468 Moritzburg, Tel. 035207/89390, www.rudiraub.de. Täglich Live-Musik. Biergarten.

Pirna: €€/€ **Das Brauhaus Pirna Zum Giesser**, Basteistraße 60, 01756 Pirna, Tel. 03501/464646, www.brauhaus-pirna.de. Zünftiges Brauhaus mit selbst gebrautem Pirnaer Bastei-Pils. Terrasse, Biergarten.

Schneeberg: €€€ **Büttner**, Markt 3, 08289 Schneeberg, Tel. 03772/3530, www.hotel-buettner.de. Ruhetag: Di. Elegant-gemütliche Atmosphäre unter historischem Kreuzgewölbe. Biergarten.

Schwarzenberg: €€/€ **Ratskeller**, Markt 1, 08340 Schwarzenberg, Tel. 03774/15570. Ruhetag: So. abends. Restaurant mit günstigem Preis-Leistungs-Verhältnis.

Wilthen: €€€/€€ **Erbgericht Tautewalde**, Tautewalde 61, 02681 Wilthen, Tel. 03592/38300, www.tautewalde.de. Im Landhausstil eingerichtet, gastfreundliches Niveau, französisch-mediterrane Küche.

Zwickau: €€€€ **Drei Schwäne**, Tonstraße 1, 08056 Zwickau / Schedewitz, Tel. 0375/2047650, www.drei-schwaene.de. Ruhetage: So. abends, Mo. Mediterranes Flair, die Speisekarte bietet einen Hauch von Provence und Toskana. Terrasse.

SCHIFFSFAHRTEN

Die Personendampfschifffahrt auf der Elbe blickt auf eine 165-jährige Geschichte zurück und verfügt mit neun bis zu fast 125 Jahre alten **Raddampfern** über die älteste und größte Raddampferflotte der Welt. Begleitet vom leisen Rauschen der Schaufelräder und dem Schnaufen der Dampfmaschinen lässt sich elbaufwärts die Sächsische und Böhmische Schweiz und elbabwärts die Sächsische Weinstraße entdecken (Info durch Sächsische Dampfschiffahrt, Hertha-Lindner-Straße 10, 01067 Dresden, Tel. 0351/866090; Fahrplanauskunft Tel. 0351/8660940, www.saechsische-dampfschiffahrt.de).

Das Elbufer ist ein ideales Radfahrerrevier

Eine andere, eher modern-elegante Art, die Elbe und ihre anliegenden Sehenswürdigkeiten zu entdecken, bieten die **Viking Flusskreuzfahrten** zwischen Magdeburg und Prag (Info durch Viking Flusskreuzfahrten, Hohe Straße 68, 50667 Köln, Tel. 0221/2586209, www.vikingrivercruises.com).

SPORT

Radfahren: Für Radfahrer hat Sachsen viel zu bieten. Entlang der Elbe (›Elberadweg‹ zwischen tschechischer Grenze und Riesa, www.elbradweg.de), der Mulde und in der Oberlausitz (260 km ›Froschradweg‹ durch die Oberlausitzer Teich- und Heidelandschaft, 100 km ›Spreeradweg‹ von der Spreequelle am Kottmar im Oberlausitzer Bergland Richtung Berlin, 100 km ›Umgebindehaus-Radweg‹ für geländeerprobte Radler; Info beim Tourismusverband Oberlausitz-Niederschlesien, s. ›Auskunft‹, oder unter www. radwandern-oberlausitz.de) sind weitläufige Radwandernetze entstanden.

Wandern: Da die Sachsen selbst gerne wandern, kann man sich hier in der Mittelgebirgslandschaft nach Herzenslust austoben: Erzgebirge, Vogtland, Sächsische Schweiz und Zittauer Gebirge bieten sich für gemütliche Touren bis zum Klettererlebnis an. Neu ist die Pilgerroute, die den Jakobsweg nach Santiago di Compostela entlang der alten Via Regia durch Sachsen führt; wer hier wandert, findet vom hessischen Vacha bis zum sächsischen Görlitz preiswerte Quartiere, die man an der gelben Jakobsmuschel erkennt (www.oekumenischer-pilgerweg.de).

Wintersport ist in den Kammlagen von Erzgebirge und Vogtland von Dezember bis März möglich. Im Erzgebirge (600–1100 m) gibt es Abfahrten sämtlicher Schwierigkeitsgrade. Das Vogtland (530–940 m) bietet leichte bis mittelschwere Pisten und die 36 km lange Kammloipe Schöneck–Johanngeorgenstadt. Auch die Abfahrten im Oberlausitzer Bergland und Zittauer Gebirge (280–600 m) sind nicht zu unterschätzen. Überall sind Loipen, Rodelhänge und Skischulen vorhanden.

Register

REGISTER

Fette Ziffern verweisen auf Abbildungen.

A
Altenberg **60,** 67
Annaberg-Buchholz **60, 61,** 63, 69
Aue 65, 69
Augustusburg, Schloss **74,** 82

B
Bad Brambach 79, 83
Bad Düben 105
Bad Elster **76, 77,** 79, 83
Bad Muskau **3, 44, 45,** 49, 54
Bad Schandau 43
Bad Schmiedeberg 105
Bastei **30, 31, 32, 33,** 33, 43
Bautzen **46,** 47, 54, 55
Blankenhain 83
Buch, Kloster 107

C
Chemnitz **70, 71, 72, 73,** 73, **75,** 81, **82**
Colditz **102,** 106

D
Dahlener Heide 106
Diesbar-Seußlitz 41
Dippoldiswalde **61,** 67
Döbeln 107
Dorfchemnitz **62,** 66
Dresden **18, 19,** 19, **20–29,** 21, 23, 25, 27, 28, 29
- Albertinum 27, 28
- Altstadt 27
- Blaues Wunder, Brücke **24,** 28
- Brühlsche Terrasse **20, 21,** 21, 27
- Deutsches Hygienemuseum **22,** 28
- Einkaufen 25, 29
- Frauenkirche 21, **23,** 27
- Goldener Reiter **20,** 27
- Hofkirche (Kathedrale) 21, **27,** 27
- Japanisches Palais 21, 27
- Kreuzkirche **24,** 27
- Museen 28
- Musik 28
- Neustadt 27
- Schloss **20,** 21, **27,** 27
- Semperoper **6, 7,** 21, 23,
- Staatliche Kunstsammlungen 28
- Theater 29
- Zwinger **20, 21,** 21, 27

Dübener Heide **98,** 99, 105

E
Ehrenfriedersdorf 68
Eilenburg 105
Elbsandsteingebirge **30, 31, 32, 33,** 33
Erdmanndorf **75**

F
Fichtelberg 63, **64**
Frauenstein 67
Freiberg **58, 59,** 59, 61, **67,** 67
Frohnau 69

G
Glashütte **59,** 67
Gnandstein, Burg 107
Görlitz **10, 11, 50, 51,** 51, **54,** 54
Grimma 101, **102,** 106
Großschönau **48,** 55
Großsedlitz, Park **35,** 42

H
Hartenfels, Schloss **98,** 105
Herrnhut **48,** 55
Höfgen **102,** 106
Hohenstein-Ernstthal 82
Hohnstein **35,** 43
Hoyerswerda 53

J
Johanngeorgenstadt 65, 69
Johnsdorf, Kurort 51, 55

K
Kamenz **46,** 47, 53, 54
Kirnitzschtal **32**
Kleinbobritzsch 67
Kleinwelka **47,** 55
Klingenthal **79,** 79, 83
Kohren-Sahlis **100, 101, 107,** 107
Königstein, Festung **32,** 37, 43
Kriebstein, Burg 81
Kromlau **51,** 54
Kuckuckstein, Schloss **59,** 67

L
Landwüst **78,** 83
Lauenstein **61,** 68
Leipzig **84–91,** 87, 89, 91
- Alte Waage 93
- Altes Rathaus 93
- Belantis **90**
- City-Hochaus **86,** 94
- Einkaufen **88, 89,** 95
- Mädlerpassage **88,** 93
- Markt 93
- Mendebrunnen **87,** 94
- Messe **84, 85,** 89
- Moritzbastei **89,** 94
- Museen 94
- Musik 95
- Naschmarkt **87,** 93
- Neues Gewandhaus **88,** 94
- Neues Rathaus **90,** 94
- Nikolaikirche **87,** 94
- Opernhaus **87,** 94
- Passagen 93
- Plagwitz **91**
- Städtisches Kaufhaus 94
- Theater 95
- Thomaskirche 93
- Thomaskirchhof **86**
- Völkerkundemuseum **86**
- Völkerschlachtdenkmal **90, 91, 94,** 94
- Zoo 95

Löbau **49,** 54
Lohmen 42

M
Machern **103,** 106
Marienberg **68,** 68
Marienstern, Kloster **47,** 47, **53,** 53
Marienthal, Kloster **48, 49,** 55
Markneukirchen **78, 79,** 79, 83
Meißen **36, 37,** 37, 39, 41
Mittweida **81,** 81
Morgenröthe-Rautenkranz 83
Moritzburg, Schloss **38, 39, 41,** 41
Mylau **76,** 83

N
Neuhausen **56, 57, 62,** 68
Niesky 54
Nimbschen, Kloster 106
Nischwitz 106

O
Obercunnersdorf **49,** 55
Oberwiesenthal 63, **64,** 69
Oederan 67
Olbernhau 68
Oschatz 106
Oybin **48,** 49

P
Panschwitz-Kuckau 47, 53
Pillnitz, Schloss **8, 9,** 21, **24, 25,** 28
Pirna **35,** 42
Plauen **78,** 79, 83
Pulsnitz **47,** 53

R
Rabenstein, Burg 82
Radebeul **38,** 39, 41
Rammenau 53
Rathen **39,** 42, 43
Reichenbach **76,** 83
Rochlitz **100, 103,** 107
Rochsburg 107

S
Scharfenstein 68
Schildau **105,** 105
Schlema **63,** 65, 69
Schneeberg 69
Schönfels, Burg 82
Schwarzenberg 65, **69,** 69
Sebnitz 43
Seiffen 61, **62, 63,** 68
Stolpen **34,** 35, 42

T
Thallwitz **101,** 106
Torgau **98, 99,** 99, 105

U
Unterwiesenthal **68**
Uttewalde 42

V
Vogtland 77

W
Wackerbarth, Schloss **36, 41,** 41
Wechselburg **106,** 107
Weesenstein, Schloss **34,** 35, 42
Wehlen 42
Wittichenau 53
Wolkenstein, Schloss 68
Wurzen **103,** 105

Z
Zinnwald-Georgenfeld 68
Zittau **48,** 49, 51, 54, **55,** 55
Zschopau 82
Zwickau 75, 77, 82, **83**

IMPRESSUM

Verlag: HB Verlag, Marco-Polo-Zentrum, 73760 Ostfildern, Postfach 3151, 73751 Ostfildern, Tel. 0711/4502-0, Fax 0711/4502-135, www.hb-verlag.de, hb@mairs.de
Geschäftsführer: Dr. Thomas Brinkmann, Dr. Stephanie Mair-Huydts

Chefredaktion und Programmleitung: Rainer Eisenschmid, Birgit Borowski
Redaktion: Horst Keppler
Text: Astrid Pawassar, Ullersdorf bei Dresden
Exklusiv-Fotografie: Thomas Härtrich, Leipzig (Titelbild: Schloss Moritzburg)
Die Abbildung des Großen Zittauer Fastentuchs (s. S. 48 und S. 55) erfolgt mit freundlicher Genehmigung der Städtischen Museen Zittau/Museum Kirche zum Heiligen Kreuz.
Grafische Konzeption: CYCLUS · Visuelle Kommunikation, Stuttgart
Layout: Martina Nicolodelli, Hamburg
Kartografie: © Mairs Geographischer Verlag, Ostfildern
HB Bildatlas Fotoservice: HB Verlag, Marco-Polo-Zentrum, 73760 Ostfildern, Tel. 0711/4502-266, Fax 0711/4502-1006, nebel@mairs.de

Für die Richtigkeit der in diesem HB Bildatlas angegebenen Daten – Adressen, Öffnungszeiten, Telefonnummern usw. – kann der Verlag keine Garantie übernehmen. Nachdruck, auch auszugsweise, nur mit vorheriger Genehmigung des Verlages. Erscheinungsweise: monatlich.

Anzeigenalleinverkauf: KV Kommunalverlag GmbH & Co. KG, Postfach 810565, 81905 München, Tel. 089/928096-14 und -21, Fax 089/928096-38, flach@kommunal-verlag.de
Vertrieb Zeitschriftenhandel: Partner Pressevertrieb GmbH, Postfach 810420, 70521 Stuttgart, Tel. 0711/7252-227, Fax 0711/7252-310
Vertrieb Abonnement: Zenit Pressevertrieb GmbH, Postfach 810640, 70523 Stuttgart, Tel. 0711/7252-265, Fax 0711/7252-333, hbverlag@zenit-presse.de
Vertrieb Buchhandel und Einzelhefte: Mairs Geographischer Verlag, Marco-Polo-Zentrum, 73760 Ostfildern, Tel. 0711/4502-0, Fax 0711/4502-340
Reproduktionen: Otterbach Medien KG GmbH & Co., Rastatt
Druck und buchbinderische Verarbeitung: Echter Druck GmbH, Würzburg. Printed in Germany

ISBN 3-616-06164-4

ZEICHENERKLÄRUNG

Willkommen in Sachsen

Sachsen erleben

Sachsen genießen

… und entdecken

Sachsen lieben